Sumário

CONHEÇA A OPINIÃO DA IMPRENSA A RESPEITO DE

Como conseguir um emprego e descobrir a sua profissão ideal
de Richard Bolles

"Está procurando emprego? Quer mudar de carreira? Então, não deixe de ler as orientações do mais famoso conselheiro vocacional dos EUA. Eis sua regra número um: não mande currículo pelo correio."

– *Você S.A.*

"Como procurar um emprego sem usar os métodos tradicionais? Como mudar de carreira sem ter de voltar para a universidade? Com essas duas perguntas, Richard Bolles percorreu quase todo os EUA, durante dois anos, questionando especialistas em recursos humanos."

– *Folha de São Paulo*

"O segredo desse livro é que não se trata apenas de uma obra teórica sobre empregos e profissões. É um guia prático, cheio de conselhos e indicações com adaptações à nossa realidade."

– *Exame*

"Esse livro permanece sendo o mais completo guia sobre emprego e carreiras que existe. Traz tudo o que os livros básicos trazem e ainda o que os outros não trazem, principalmente no que diz respeito às coisas da mente e do espírito."

– *The New York Times*

"Trata-se de um dos mais antigos e o mais completo guia de empregos e carreiras, com dicas e truques pertinentes para quem quer entrar ou voltar ao mercado de trabalho. É um interessante trabalho de resgate da auto-estima e da esperança de pessoas desempregadas."

– *Jornal do Brasil*

"Não há nada mais aflitivo para quem busca uma nova oportunidade de trabalho do que se preparar para uma entrevista. Depois de passar 25 anos conversando com pessoas que conseguiram o emprego de seus sonhos, Richard Bolles descobriu o segredo da tranqüilidade nessa hora decisiva."

– *Revista Cláudia*

Richard N. Bolles

8 milhões de livros vendidos em todo o mundo

As 5 Melhores Maneiras de se Conseguir um Emprego

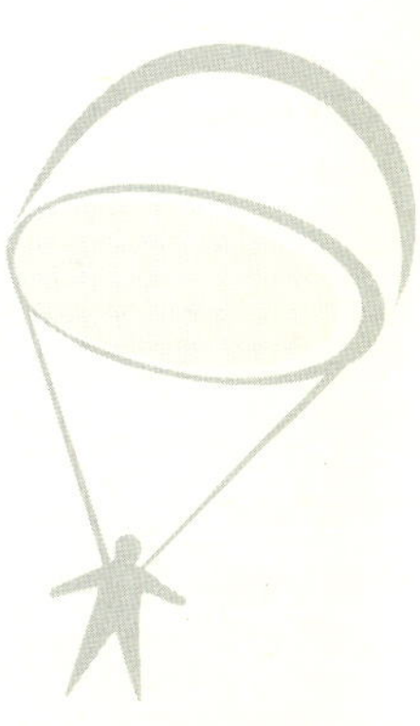

E mais de 100 dicas do maior especialista mundial no assunto

SEXTANTE

tradução
Luiz Antonio Aguiar

preparo de originais
Ana Lúcia Prôa
Tomás da Veiga Pereira

revisão
Clara Diament
Sérgio Bellinello Soares

projeto gráfico e diagramação
Valéria Teixeira

capa
Glenda Rubinstein

fotolitos
R R Donnelley América Latina

impressão e acabamento
Yangraf Gráfica e Editora Ltda.

CIP-BRASIL. CATALOGAÇÃO-NA-FONTE
SINDICATO NACIONAL DOS EDITORES DE LIVROS, RJ

B674c Bolles, Richard Nelson, 1927-
As 5 melhores maneiras de se conseguir um emprego / Richard Nelson Bolles; tradução de Luiz Antonio Aguiar – Rio de Janeiro: Sextante, 2004.

Título original: What color is your parachute?
ISBN 85-7542-119-0

1. Procura de emprego. 2. Profissão – Mudança. 3. Orientação profissional. I. Título.

04-0828 CDD 650.14
CDU 331.548

R. Voluntários da Pátria, 45 – Gr. 1.404 – Botafogo
22270-000 – Rio de Janeiro – RJ
Tel.: (21) 2286-9944 – Fax: (21) 2286-9244
Central de Atendimento: 0800-22-6306
E-mail: atendimento@esextante.com.br
www.sextante.com.br

Prefácio

Ao meu prezado leitor brasileiro, que abre este livro cheio de expectativas sobre os benefícios que poderá trazer à sua vida, quero iniciar dizendo que, no mundo lá fora, existem os caçadores de emprego bem-sucedidos e os malsucedidos. Se queremos ter êxito, precisamos estudar aqueles que obtiveram os empregos ou trocaram de profissão, conforme desejavam, e verificar como alcançaram o seu objetivo. A seguir, devemos copiar, adaptar e desenvolver o que fizeram, de acordo com nossa própria situação.

É disso que trata este livro. Há 30 anos venho estudando caçadores de emprego bem-sucedidos, conversando com eles, entrevistando-os, buscando descobrir, na maneira como procederam, o que pode ajudar você. Este livro é um resumo das descobertas fundamentais que fiz ao longo desse tempo sobre as estratégias mais bem-sucedidas para se conseguir um emprego.

É importante dizer que o livro que você tem em mãos é uma versão compacta de *Como conseguir um emprego e descobrir a sua profissão ideal (Qual a cor do seu pára-quedas?)*, um título maior e bem mais aprofundado para aqueles que querem fazer uma busca ao emprego como uma mudança de vida.

As 5 melhores maneiras de se conseguir um emprego foi preparado pensando em você que está sem trabalho, está ficando sem dinheiro e precisa arrumar um emprego para ontem. Você quer dicas, sugestões e estratégias rápidas que realmente funcionem e tudo isso em poucas palavras. Você quer ser estimulado, motivado, quer que lhe transmitam esperança e otimismo. Por isso, é preciso que você não perca tempo e comece essa leitura agora. Boa sorte!

1

As duas verdades fundamentais a respeito do mercado de trabalho

Apesar de todas as más notícias e do pessimismo que ronda o assunto da busca por empregos, existem duas verdades fundamentais a respeito do mercado de trabalho que você precisa conhecer:

1. Existem sempre empregos por aí.
2. Encontrar ou não emprego depende dos métodos que você está utilizando.

Existem sempre empregos por aí

Mesmo que o número de empregos ficasse congelado nos níveis atuais e que sequer um único emprego a mais fosse gerado por algum tempo, ainda assim haveria empregos disponíveis à medida que ocorre uma *dança das cadeiras* no mercado, já que:

- Pessoas que estão empregadas hoje recebem promoções, deixando vagos os postos de trabalho que ocupavam.
- Pessoas são demitidas ou pedem demissão, deixando mais vagas.
- Pessoas empregadas às vezes sofrem lesões sérias, que as tornam incapazes de prosseguir trabalhando, ou ficam doentes, precisando submeter-se a longos períodos de hospitalização, o que também cria vagas.

- Pessoas empregadas podem, por motivos pessoais, precisar mudar-se de onde moram.
- Quando as pessoas atingem certa idade, aposentam-se.
- As pessoas que normalmente seguiriam trabalhando às vezes morrem subitamente.
- Muitos dos empregos atuais são contratos limitados.
- Novas empresas nascem e muitas empresas se expandem.

Vagas estão sempre sendo criadas, e isso não vai mudar nunca. Há muitos empregos novos e você tem as mesmas chances que qualquer outro de conseguir um desses empregos, se puder saber onde estão, se estiver qualificado para ocupá-los e se você se sair bem na entrevista de seleção. Por isso, reafirmo: **existem sempre empregos por aí.**

Escreva isso no espelho do seu banheiro, repita aos sussurros ou cantando, muitas vezes, como se fosse uma prece. Sempre o mesmo refrão: existem muitos empregos por aí. Existem muitos empregos por aí.

A qualidade do emprego encontrado não é sempre de encher os olhos. No entanto, a cada ano, milhões de pessoas ficam desempregadas e têm êxito em encontrar novos empregos.

Não há razão para que você não esteja entre elas. E não há razão para que você desista de encontrar o melhor emprego que puder imaginar, mesmo que acabe tendo que alcançá-lo em duas ou três etapas. Em tempos bons ou difíceis existem sempre empregos no mundo lá fora.

Os empregos estão por aí, mas será que você consegue achá-los?

Encontrar ou não emprego depende dos métodos que você está utilizando

Chegamos agora à nossa segunda verdade fundamental a respeito do mercado de trabalho. Como encontrar esses empregos que estão por aí?

O fato de que um emprego exista não significa que seja fácil encontrá-lo. Métodos usuais de localização podem não funcionar. Currículos, anúncios e agências podem não trazê-lo à tona. Você precisa conhecer outros métodos.

Vou lhe apresentar os piores e os melhores métodos, incluindo uma estimativa do índice de sucesso de cada um, baseada em estudos sobre caçadores de empregos. Antes disso, vale a pena lembrar:

1. Há diversas formas de encontrar os empregos que estão por aí (este livro descreve as 5 melhores e as 5 piores).
2. Se você não consegue encontrar um desses empregos que estão por aí, é porque está usando o método errado.
3. Se você não consegue encontrar um desses empregos que estão por aí, precisa mudar o seu método de procurá-lo.
4. Há sempre empregos esperando para ser ocupados. O caçador de empregos bem-sucedido é aquele que descobre como encontrá-los.
5. Obter êxito na caça ao emprego é algo que se aprende. É uma habilidade que pode ser estudada e dominada. Por você. Este livro destina-se a ensiná-lo a dominar esta habilidade.
6. A chave para o sucesso na caça ao emprego é ter esperança e perseverança. Muitas pessoas desempregadas fracassam em sua busca porque desistem cedo demais.

2

As 5 piores maneiras de se procurar emprego

1. Usar a Internet.

É com tristeza que vemos as estatísticas americanas apontarem que o índice de sucesso deste método é de cerca de 4%. Ou seja: de cada 100 pessoas que usarem a Internet para procurar um emprego, 4 delas atingirão o seu objetivo. Ao passo que 96 pessoas, em 100, não encontrarão os empregos que existem por aí – se elas usarem apenas esse método de busca por uma vaga. Estes 4%, obviamente, representam uma média de todas as profissões. Se você está procurando um emprego relacionado a uma área mais técnica ou à informática – ou mesmo no campo da engenharia, das finanças ou da saúde –, essa taxa aumenta: poderíamos estimá-la em 10%. Mas para os outros 10 mil tipos de emprego que existem por aí, o índice de sucesso costuma cair para 1%.

2. Mandar currículos pelo correio, ao acaso, para empregadores.

Este método apresenta uma taxa de sucesso de 7% – ou seja, entre 100 caçadores de emprego que utilizam este método, apenas 7 encontram um emprego através dele. Em 100 caçadores de emprego, 93 não encontrarão os empregos que estão por aí, se utilizarem unicamente esse método. Um estudo mostrou que apenas um emprego é obtido para cada 1.470 currículos vagando ao léu – uma taxa de 99,94% de insucesso. Um outro estudo traz uma proporção ainda mais desfavorável: um emprego para cada 1.700 currículos à deriva. Você embarcaria num avião se soubesse que apenas um em cada 1.700 passageiros consegue chegar ao seu destino?

3. Responder a anúncios de jornais profissionais ou de negócios, específicos de seu campo profissional.

Este método também apresenta um retorno de 7% – ou seja, de cada 100 caçadores de emprego que se valem desse recurso, 7 encontrarão um emprego graças a ele. Entre 100 caçadores de emprego, 93 não encontrarão os empregos que estão por aí se utilizarem apenas esse método.

4. Responder a anúncios de jornais locais.

Este método tem um retorno variável entre 5 e 24%. Ou seja, de cada 100 caçadores de emprego utilizando-o, entre 5 e 24 terão êxito. De 76 a 95 caçadores de emprego, em cada 100, não encontrarão os empregos que estão por aí se usarem apenas esse método. (A flutuação na taxa se deve ao nível salarial pretendido. Quanto mais alto o salário almejado, menor o número de caçadores de emprego que terão sucesso valendo-se desse método.)

5. Recorrer às agências de emprego particulares.

Este método apresenta um índice de sucesso que varia entre 5 e 28%, dependendo, também, do nível salarial pretendido. Ou seja, de cada 100 caçadores de emprego que recorrem às agências de emprego particulares, entre 5 e 28 encontrarão uma vaga através delas. Entre 72 e 95 caçadores de emprego, em cada 100, não encontrarão os empregos que estão por aí se usarem apenas esse método.

Há, pelo menos, quatro outros métodos para tentar encontrar os empregos que estão por aí que, tecnicamente, também figuram na categoria dos *menos eficientes*. São eles:

Freqüentar lugares onde empregadores selecionam empregados – Este método tem um índice de efetividade de 8% – ou seja, de cada 100 pessoas que se valem desse método, 8 encontrarão um trabalho graças a ele e 92 não encontrarão.

Fazer concurso para o serviço público – Nos Estados Unidos, este método apresenta 12% de retorno – o que quer dizer que, de cada 100 pessoas que se utilizam desse método, 12 encontrarão emprego graças a ele e 88 não.

Pedir a um ex-professor por indicações de empregos – Este método também apresenta 12% de taxa de êxito. Ou seja, de cada 100 pessoas que o utilizam, 12 encontrarão emprego e 88 não.

Ir a uma instituição governamental de alocação de empregos – Este método apresenta um índice de retorno da ordem de 14% – ou seja, 14 pessoas encontrarão emprego, em cada 100, utilizando esse método, e 86 continuarão desempregadas.

3

As 5 melhores maneiras de se procurar emprego

Estou certo de que você percebeu que nossos velhos amigos – currículos, anúncios nos jornais, agências e até Internet – aparecem *todos* na lista dos 5 piores. Assim, se você usa currículos, anúncios, agências ou Internet para encontrar empregos e isso dá em *nada*, não significa que não existam empregos por aí. Significa apenas que os *métodos utilizados* são ineficientes para encontrá-los.

Já está na hora de aprender novas maneiras de encontrar os empregos que estão por aí. Veja quais são as 5 melhores maneiras de tentar encontrar esses empregos, listadas a partir das que oferecem menores chances de sucesso para as com maiores chances:

1. Pedir indicações de emprego a familiares, amigos, pessoas da vizinhança e equipes de instituições que oferecem cursos de formação profissional - especialmente na universidade de sua cidade ou na qual você se formou, ou no colégio em que você terminou o ensino médio.

Você deve lhes fazer uma simples pergunta: "Você sabe de algum emprego, no local onde trabalha ou em outro qualquer?" Este método apresenta um índice de retorno da ordem de 33%, ou seja, 33 de cada 100 pessoas que o utilizam encontram emprego dessa maneira. De cada 100 caçadores de emprego, 67 não encontrarão os empregos que estão por aí usando apenas esse método. Essa é apenas uma das 5 melhores maneiras de se encontrar os empregos que estão por aí, mas deve-se observar que nenhum método de procura por emprego funciona o tempo todo e para todo mundo.

2. Bater na porta de qualquer empregador, fábrica ou escritório em que você esteja interessado, independentemente de saber se eles têm uma vaga ou não.

Este método apresenta 46% de índice de sucesso – ou seja, de cada 100 pessoas que o utilizam, 46 encontram um emprego graças a ele. E 54 caçadores de emprego, de cada 100, não encontrarão os empregos que estão por aí usando apenas esse método. Essa é apenas uma das 5 melhores maneiras de se encontrar os empregos que estão por aí, mas, como já disse, nenhum método de procura por emprego funciona o tempo todo e para todo mundo.

3. Sozinho, usar as *Páginas Amarelas* para identificar atividades ou áreas que interessem a você, na cidade onde mora, e então telefonar para os empregadores listados nessa área de interesse, perguntando se estão empregando pessoal para o tipo de trabalho que você pode fazer - e fazer bem.

Este método apresenta 69% de bons resultados, ou seja, 69 em cada 100 pessoas que o utilizam encontrarão um emprego dessa maneira. De cada 100 caçadores de emprego, 31 não encontrarão os empregos que estão por aí utilizando apenas esse método. Mais uma vez, vale lembrar que esse método não funciona o tempo todo e para todo mundo.

4. Juntamente com outros caçadores de emprego, usar as *Páginas Amarelas* para identificar atividades ou áreas que interessem a você, na cidade onde mora, e então telefonar para os empregadores listados nessa área de interesse, perguntando se estão empregando pessoal para o tipo de trabalho que você pode fazer - e fazer bem.

Este método apresenta resultados positivos em 84% dos casos, ou seja, 84 de cada 100 pessoas que se valem dele conseguem assim seu emprego. O que equivale a dizer que 16 caçadores de emprego, em cada 100, não encontrarão os empregos que estão por aí se utilizarem exclusivamente esse método.

5. Realizar a procura de emprego como uma mudança de vida.

Agir desse modo dá certo em 86% dos casos – quer dizer, de cada 100 caçadores de emprego, 86 conseguem um emprego. E 14 caçadores de emprego, em cada 100, não encontram os empregos que estão por aí utilizando somente esse método. Para saber mais sobre esse método, leia o capítulo 10, "Entenda por que a caça ao emprego como uma mudança de vida é o melhor dos métodos".

E se você usar mais de um método?

Como deve ter suspeitado, quanto mais métodos de caça ao emprego forem utilizados, maiores as chances de êxito. Isso faz sentido, não é?

No entanto, um estudo recente revelou uma estranha mudança nessa questão. É verdade que suas chances de encontrar esses empregos que estão por aí aumentam com o uso combinado de mais de um método – mas apenas se você utilizar até no máximo quatro deles. Se usar mais de quatro métodos, suas chances de encontrar esses empregos que estão por aí começam a decrescer.

Refleti bastante sobre essa descoberta bizarra e concluí que a explicação deve ser a seguinte: quando você utiliza mais de quatro métodos, termina por não utilizar nenhum deles direito. Você acaba dedicando a cada método menos tempo do que ele merece e necessita para trazer resultados.

Não use apenas um método

Bem, então por que não usar um único método, extremamente bem? Acontece que, nos Estados Unidos, assim como em outros países, a caça ao emprego-padrão demora de dois a quatro meses, e **um terço dos caçadores de emprego deixa de encontrá-lo porque desiste antes de esgotar-se esse prazo**. Freqüentemente, é claro, a caça ao emprego é ainda mais longa – dura de seis meses a dois anos, ou mesmo mais –, e muitos caçadores de emprego fracassam simplesmente porque abandonam a procura cedo demais. **Caçar empregos demanda persistência e um bocado de garra.**

Então, por que desistimos? Quer dizer, precisamos ganhar a vida, não é? Por que desistir? Parece que a resposta a isso está relacionada à quantidade de métodos empregados. Por exemplo, alguns estudos descobriram que, de cada 100 caçadores de empregos que utilizam apenas um método, 51 abandonam sua empreitada aí pelo segundo mês.

Por outro lado, dos 100 caçadores de emprego que se valem de diversos métodos, apenas 31 abandonam a caça até o segundo mês. A lógica parece apontar para o fato de que, se você usar apenas um método – digamos, enviar currículos – e se isso não funcionar rápido o bastante, você tende a perder as esperanças. Mas, se estiver usando dois, três ou quatro métodos, suas esperanças se mantêm acesas – *"Com certeza, alguma dessas tentativas vai dar em alguma coisa!"* – e, assim, você prossegue procurando.

A moral da história é: **nunca use apenas um método, porque você vai se desencorajar rapidamente se não conseguir resultados quase que imediatos. A experiência dos caçadores de emprego bem-sucedidos nos diz que você deve usar mais de um método, mas não acima de quatro.**

Não considerando apenas os números, é claro que você pode optar por usar um ou mais dos métodos listados entre os 5 melhores – e deve evitar escolher todos os seus 4 entre os 5 piores. *(Entre os 5 piores, sugiro que use os currículos – porque estou presumindo que você não terá perdido a sua injustificada fé neles, não importando tudo o que lhe disse a respeito. Tá bem, tá bem! Mas, por favor, certifique-se de reforçá-los com um ou mais métodos tirados da lista dos 5 melhores.)*

Resumindo

Estudos feitos sobre os caçadores de emprego bem-sucedidos e os malsucedidos revelam *que tudo depende do método ou dos métodos que você estiver empregando.*

Você precisa empregar um método eficiente e, com toda tenacidade, dedicar-se à sua caça ao emprego. Considere a conveniência de usar pelo menos dois dos melhores métodos, porque é assim que você manterá sua esperança acesa. Com esperança, você vai persistir até encontrar o que procura.

Três temas básicos dos caçadores de emprego com histórias de sucesso

1. Ninguém lhe deve um emprego. Se você quiser um emprego, terá que sair em campo e caçá-lo – arduamente. Isso pode parecer óbvio, mas um terço de todos os caçadores de emprego desiste durante os primeiros meses da caça porque pensam que seria simples, rápido e fácil. E de alguma forma eles esperavam ajuda, que não chega. Eles falharam no aprendizado de uma verdade dura: **ninguém lhe deve um emprego**, não importa o que seus amigos tenham lhe dito. Se você quer um emprego, é você quem deverá ir lá fora e trabalhar arduamente para encontrá-lo.

2. O sucesso da caça ao emprego ocorre na proporção direta ao esforço nesta caça. Quanto mais você tentar, quanto mais horas utilizar na procura por emprego, maior a probabilidade de que você encontre o emprego que está procurando. Se, é claro, o seu esforço for direcionado com inteligência.

3. Caças ao emprego bem-sucedidas exigem boa vontade para mudar suas táticas. Se você tentar algo e isso

não funcionar, coloque em prática outra estratégia. Se você responde a anúncios de jornais ou na Internet, envia currículos para todo mundo, se inscreve em agências de emprego e nada disso funciona, não fique insistindo em fazer a mesma coisa. **Mude suas táticas**.

4

Dicas, atalhos e estratégias rápidas para conseguir um emprego

O que nos deixa mais impacientes na caça ao emprego é o fato de ser uma coisa demorada. Há anos, a caça ao emprego-padrão nos EUA dura cerca de 100 dias. Pode ser muito menos, mas pode também demorar muito mais, e sabemos através de diversos estudos que **um terço dos caçadores de emprego nunca encontra trabalho porque desiste antes que transcorram os primeiros meses**, especialmente se estão usando um único método, tal como enviar currículos, para encontrar os empregos que estão por aí.

Neste capítulo, você vai encontrar diversos palpites, dicas e estratégias rápidas que aprendi nestes 30 anos pesquisando os caçadores de emprego bem-sucedidos. É bom dizer que nenhuma dessas dicas *garante* que você encontre um emprego. A vida nunca funciona de forma tão mecânica. Há muita coisa que depende de sorte e de oportunidade. Mas, se seguidas com alguma devoção, essas idéias podem pelo menos aumentar *enormemente* suas chances de encontrar um emprego com maior rapidez, como já ocorreu com muitos caçadores de emprego que as utilizaram.

Dicas gerais sobre a caça ao emprego

- Você precisará ir à caça ao emprego muitas vezes em

sua vida – com o trabalhador americano, isso acontece, em média, oito vezes na vida e pode ocorrer a cada três anos, mais ou menos.

- Você deve aprender com sua própria experiência, desta vez. Assim, na próxima caça ao emprego, saberá o que fazer.
- Você deve encarar a busca ao emprego como um emprego de dedicação integral.
- A maioria das pessoas toma decisões sobre suas profissões às pressas.
- Há três partes fundamentais do processo de caça ao emprego e de mudança de profissão: **O QUE, ONDE** e **COMO**. Você precisa aprender técnicas que vão ajudá-lo a lidar com cada uma.
- **Mais importante do que as técnicas, entretanto, é a sua postura em relação à caça ao emprego. Postura é tudo.**

"Nós, que vivemos em campos de concentração, podemos lembrar os homens que caminhavam entre os alojamentos confortando os demais, dando seu último pedaço de pão, desprendidamente. Podiam ser poucos, mas nos proporcionavam o suficiente para provar que tudo pode ser tirado de um homem, à exceção de uma coisa: a última das liberdades humanas – a de escolher que postura adotar, diante de qualquer circunstância."

Victor Frankl

Postura quer dizer: sua postura diante da caça ao emprego. Sua postura diante dos empregadores. Sua postura diante do emprego. Acredite em mim, sua postura é a primeira e a última coisa que reparam em você.

Portanto, não é nenhuma surpresa quando, perguntado por que não admitiu alguém, o empregador responda: "Ele tinha uma postura estranha", ou "Não gostei da postura dele", ou "Achei que ele tinha um ar de irresponsável".

Para o caçador de emprego impaciente, ansioso por encontrar um emprego tão rapidamente quanto possível, sua postura é a primeira coisa que deve ser observada e, se necessário, corrigida.

Uma questão de postura

Postura, antes de tudo, é como você se dá com as pessoas, de acordo com sua personalidade. É a primeira coisa em que todo empregador repara a seu respeito, durante a entrevista de seleção, ou mesmo antes – no contato telefônico ou através do seu currículo.

Postura é a questão decisiva em relação a você para todo empregador. Eles reparam, imediatamente, se você é ou não uma pessoa agradável de se ter por perto. Reparam se você é do tipo que se interessa pelos outros, pelas suas necessidades e interesses, ou se só pensa em si próprio. Se você põe em ação energia e entusiasmo ou se procura poupar esforços e costuma ficar mal-humorado. Se está zangado ou em paz consigo mesmo e com o mundo. Se você se joga, ou se é do tipo retraído. Se é comunicativo ou monossilábico. Interessado em somar ou subtrair. Ansioso por fazer seu trabalho o melhor possível, dando algo a mais, ou se procura apenas despachar seus afazeres.

Um empregador pode até contratar alguém menos qualificado mas que apresente uma postura mais positiva, preterindo uma pessoa bastante qualificada mas que demonstre posturas inapropriadas.

As quatro posturas fundamentais para se ter sucesso na caça ao emprego

Se você foi injustamente demitido do seu emprego anterior, sua necessidade mais urgente é livrar-se de toda a sua raiva contra o mercado de trabalho. Se não, sua raiva vai atrapalhar seus esforços para procurar emprego, deixando uma má impressão a seu respeito.

Você pode amar ou odiar o que aconteceu com o mercado de trabalho dos anos 90 e como isso afetou sua vida. Mas precisa fazer as pazes com o que passou. Nessa arena, assim como em outras, a postura é crucial, e todo empregador vai reparar nesse ponto.

Você deve preparar sua cabeça para o mercado de trabalho de hoje sabendo que há quatro posturas fundamentais para se ter sucesso na caça ao emprego:

1. **Todo emprego que você conseguir é temporário.** Quer dizer, de duração incerta. No Brasil, 65% das pessoas economicamente ativas não possuem seus próprios negócios. Assim, provavelmente, você vai acabar trabalhando para alguém. E vai depender desse alguém, e não apenas de você, quanto tempo o seu emprego vai durar. E, se esse alguém quiser, o seu emprego pode acabar a qualquer momento e sem nenhum aviso. Você estará

sempre à prova, assim como a empresa e quem estiver trabalhando. A questão é: você está preparado para o seu próximo emprego quando esse acabar? Você deve se manter mentalmente preparado para partir para uma nova caça ao emprego a qualquer instante.

2. Todo emprego que você conseguir é, essencialmente, um aprendizado. A questão é: o que você está aprendendo? Claro que você quer um emprego que pague suas contas e que também lhe dê certa satisfação e realização. Mas quase todo emprego hoje está mudando tão depressa em seus aspectos mais essenciais que você precisa pensar nesse emprego que está procurando como mais um que vai se tornar um aprendizado para você. Pense nele como se estivesse num curso. Há muita coisa que você tem que aprender, desde o início e por todo o tempo que durar. Você precisa não apenas estar pronto para aprender. Você precisa enfatizar para qualquer empregador em potencial o quanto adora aprender novas tarefas e novos procedimentos, e como consegue fazer isso depressa.

3. Todo emprego que você conseguir é, essencialmente, uma aventura. Uma aventura é uma série de eventos sem lógica, imprevisíveis. Assim são os empregos hoje em dia. Nunca se sabe o que pode acontecer. Quando você trabalhar em uma empresa, seja qual for o tamanho dela, é bem possível que os dramas encenados ali sejam páreo duro com qualquer telenovela. O jogo do poder, ambição, boatos, decisões lamentáveis, estranhas alianças, traições e viradas de mesa que ninguém poderia prever vão se desenrolar diante de seus olhos. Às vezes você vai adorar o rumo das coisas; em outros momentos, vai odiar.

4. **Em todo emprego que conseguir, a satisfação deve ser conseguida no próprio trabalho.** Antigamente, a maioria de nós tinha a esperança de encontrar não apenas um trabalho que apreciasse, mas, também, no qual reconhecessem e estimassem o que fazíamos. Em outras palavras, procurávamos alguma espécie de afeto em nosso ambiente de trabalho. Bem, ainda há, de fato, alguns lugares assim por aí, nos quais você será estimado, elogiado, distinguido e elevado aos céus. Mas são mais raros e difíceis de achar do que antigamente, sobretudo em companhias com mais de 50 pessoas.

Mesmo que procure um bocado, você pode terminar num lugar no qual seus patrões esquecem de reconhecer ou de agradecer a enorme contribuição que dá ao negócio, deixando você magoado, sentindo-se pouco estimado e mesmo rejeitado.

Assim, considere a urgência de, no mercado de trabalho atual, tomar a atitude de pensar: *"Vou arranjar um emprego que alimente minha auto-estima pelo trabalho em si, em vez de procurar por um lugar onde não encontrarei satisfação alguma a não ser que receba elogios dos meus superiores."*

Mais do que uma simples caça ao emprego

Você pode escolher entre tentar entrar no mercado de trabalho com contentamento ou relutância. Se você adora aprender, se ama a aventura, se realmente gosta de encontrar satisfação em seu próprio trabalho e se pode lidar com a instabilidade, então vá em frente, feliz da vida, e o que estará fazendo será muito mais do que uma caça ao emprego.

Será uma busca por novas oportunidades de aprender. Será uma caça à aventura. E será a descoberta das habilidades que você mais gosta de utilizar, no ramo de trabalho em que mais aprecia exercitá-las. **A própria procura de emprego será um emprego em tempo integral.**

E agora, das atitudes, vamos passar para as dicas, sugestões e atalhos relacionados às três partes da caça ao emprego.

5

Dicas para ajudar você a decidir O QUE você gosta de fazer

1. Você não deve ter a expectativa de, necessariamente, encontrar o mesmo tipo de trabalho que executou no passado. Assim, arranque de você os rótulos profissionais (do tipo *"Sou trabalhador autônomo"*, etc.) e, em vez disso, defina-se como: *"Sou uma pessoa que faz esse tipo de coisas, assim e assado..."* Defina outro(s) tipo(s) de serviço que poderia executar, que pode executar e que gostaria de executar.

2. Esqueça as ofertas de vagas. Vá atrás do trabalho que você realmente preferir.

3. Talvez você já tenha em mente que emprego é esse. Pergunte a si próprio: *"O que eu gostaria de fazer, mais do que qualquer coisa no mundo?"* Entre as pessoas que vê por aí, que encontrou na vida ou sobre quem leu a respeito, qual delas tem o trabalho que você mais amaria fazer? Talvez saiba definir isso logo de cabeça. Talvez seja alguma coisa que você já fez em seus horários vagos (como confeccionar vestidos, consertar embarcações, etc.).

4. Talvez não saiba que emprego é esse que você adoraria ter. Nesse caso há uma regra simples a seguir: não decida sobre seu futuro até ter inventariado seu passado. Pegue uma boa quantidade de folhas de papel em branco, um lápis – ou vá para o seu computador – e liste algumas respostas para estas perguntas:

"O que já fiz no passado que realmente adorei executar?" (Hobbies, atividades para ocupar tempo livre, trabalho voluntário?*)*

"O que apreciei nessas coisas? O que ainda me atrai nessas tarefas?"

"No que sou bom? O que todas as pessoas me dizem a respeito?"

"O que eu adoraria vender, se tivesse que ganhar a vida como vendedor?"

5. Faça a si mesmo perguntas simples. Por exemplo: você prefere usar sua habilidade com o trato de pessoas, sua habilidade para pensar, sua habilidade em lidar com informação? Como alguém já disse, a base de todo planejamento de profissão é simplificar as coisas que você conhece a seu próprio respeito e selecionar, entre essas, aquelas que dão brilho à sua vida.

6. Existe em você algum tipo de sensibilidade para uma coisa qualquer que acredita que o torne especial, entre as outras pessoas? Poderiam ser coisas que seus olhos enxergam (por exemplo, cores, expressões faciais, a maneira de um corpo demonstrar lesões), ou coisas que seus ouvidos percebem (o canto dos pássaros, por exemplo), coisas que seu nariz capta (vagos odores no ar, por exemplo), coisas que sua boca detecta (sabores particulares), coisas que seu corpo sente (correntes de ar, mudanças de temperatura), ou coisas que sua mente constata (conexões, desarmonia, ou quem sabe você tenha uma boa memória para detalhes), etc., etc. Em que espécie de trabalho você poderia utilizar essas sensibilidades?

7. O que entusiasma você? Se alguma coisa o entusiasma, você será bom nela; caso contrário, nada feito.

8. O que exaure você? O que lhe dá energia? Procure empregos e serviços que lhe dêem energia. Quais são os seus hobbies? Astronomia? Aviões? Ciclismo? Ornitologia? Canoagem? Livros? Carros? Cavernas? Colecionar selos ou moedas? Ou bonecas, ou qualquer coisa? Culinária? Artesanato? Dança? Eletrônica? Pescaria? Flores e jardinagem? Genealogia? Cavalos? Caça? Malabarismo? Mágica? Artes marciais ou outra atividade física? Minerais e rochas? Modelismo? Motocicletas? Outdoors? Bichos de estimação? Fotografia? Confecção de bonecos? Trens? Viagens? Trabalho em madeira? O quê? Verifique quais trabalhos podem sinalizar alguma coisa a você.

9. Qual é, ou qual gostaria que fosse, sua contribuição para o mundo?

10. O que você mais detesta no mundo e o que mais gostaria, no mundo todo, de erradicar, corrigir, consertar? Como seus dons se encaixariam na realização disso? Qual produto ou serviço você acredita que seja realmente necessário em sua comunidade?

11. O que você quer da vida?

12. Quais são suas habilidades mais desenvolvidas (e preferidas)? Por exemplo: administrar, ajudar, analisar, assumir responsabilidades, calcular, checar, chefiar, classificar, compor, computar, comunicar, conferir, construir, contar, conversar, coordenar, correr riscos, costurar, criar, datilografar, decidir, deliberar, desenhar, desenvolver, de-

tectar, diagnosticar, dirigir, dramatizar, editorar, empreender, encaminhar, enfrentar dificuldades, ensinar, entrevistar, escrever, examinar, explicar, falar, fazer reparos, formar equipes, formular hipóteses, fotografar, gerenciar, guardar, ilustrar, implementar, improvisar, influenciar, inovar, inspecionar, integrar, jogar, julgar, lavar, ler, liderar, manusear, mediar, memorizar, modernizar, monitorar, motivar, navegar, negociar, notificar, observar, oferecer, operar, orçar, organizar, orientar, ouvir, pesquisar, pintar, planejar, plantar, prescrever, produzir estimativas, proferir sentenças, proteger, questionar, reabilitar, resolver problemas, restaurar, selecionar, sistematizar, supervisionar, testar, traduzir, transmitir, treinar, unificar, vender, verificar, viajar.

Normalmente, caçadores de empregos fazem uma lista com esses (e outros) verbos-habilidades, pondo uma marca em cada habilidade que: a) você acredita que possui. E outro tipo de marca em cada habilidade que: b) você aprecia exercitar. E mais outro tipo diferente de marca nas habilidades que: c) você acredita que poderia desenvolver. Pode acontecer que uma habilidade receba as três marcas – e essas, de fato, são as que você deve perseguir com mais firmeza, na procura do emprego que sugerirem.

13. Na verdade, o maior problema que você vai enfrentar com empregadores não diz respeito às habilidades que possui, mas como as usa: ou seja, querem saber se você apenas tenta se manter ocupado, ou se tenta de fato resolver problemas, aumentando assim sua eficiência, bem como a eficiência da organização.

14. Quais problemas suas habilidades poderiam ajudar

um empregador a resolver? Por exemplo, suas habilidades poderiam ajudar um empregador a: fazer os clientes desejarem retornar; melhorar a qualidade do serviço, a qualidade da comunicação na loja; acelerar as entregas; reduzir os custos; criar novos produtos... ou o quê?

15. Empregue um pouco de tempo considerando o que pode fazer você se destacar de 19 outras pessoas que sejam capazes de executar o mesmo serviço. Geralmente, vai ser uma questão de estilo. Você faz as coisas com mais facilidade ou mais depressa... ou o quê? Numa entrevista de seleção, em que estará competindo com 19 outros candidatos, quanto mais respostas você tiver para essas perguntas, melhores serão suas chances de ser o escolhido para o emprego. Não espere que um empregador vá descobrir isso por você. Esteja preparado para dizer, modéstia à parte: *É nisso que eu levo vantagem.*

Quando você não sabe que profissão seguir

Quando você não tem absolutamente qualquer idéia sobre o que gostaria de fazer, há apenas uma alternativa sensata, segundo o que temos visto por aí: **não decida sobre seu futuro até ter inventariado seu passado.**

O objetivo de escolher uma profissão, ou de mudar de profissão, é encontrar satisfação na sua atividade profissional ou – numa só palavra – felicidade. Acima de tudo, é encontrar uma profissão que você *ame*. Um trabalho que você mal possa esperar para se levantar, pela manhã, para ir fazê-lo. Um trabalho que ame tanto que nem acredita que lhe paguem para desempenhar – já que você ficaria contente em fazê-lo de graça.

Encontrar uma profissão que você ame depende de combinar o que você mais gosta de fazer com o que está disponível *por aí*. Por exemplo, se existir alguma dessas novas profissões *quentes*, empregando pessoas, mas acontecer de o trabalho envolver cuidar de papelada, enquanto você gosta mesmo é de lidar com pessoas, mesmo que seja facílimo conseguir ser contratado, essa profissão vai fazer você se sentir um desgraçado.

Assim, não importa que uma profissão seja *quente*, ou que seja *fácil* entrar nela. O que importa é que você e sua profissão devem se fazer felizes um ao outro, quer dizer, devem se apaixonar um pelo outro. Há poucas alegrias tão grandes na vida quanto encontrar uma profissão como essa.

Encontrar uma profissão como essa depende de combinar as habilidades que você adora utilizar, os seus assuntos favoritos, as pessoas que você adora ajudar ou com quem mais aprecia trabalhar; o tipo de lugar em que você ama trabalhar; seus objetivos; seus objetivos e os objetivos daquela empresa, e um salário que atenda as suas necessidades.

Procure fazer a seguinte lista, que irá traçar a anatomia de seu trabalho ideal:

Minhas habilidades favoritas:

____

Meus assuntos favoritos:

____

Tipos de lugares onde gostaria de trabalhar:

____

Tipos de coisas que a função deve exigir ou com as quais devo lidar:

____

Tipos de colegas de trabalho que gostaria de ter:

____

Tipos de pessoas que gostaria de ajudar:

____

Meus objetivos principais na nova profissão:

____

Nível salarial que gostaria de conseguir:

____

O principal dessa lista são as habilidades que você adora utilizar e os seus assuntos favoritos. Mesmo que você saiba quais são, na maioria dos casos seu autoconhecimento pode ser melhorado um pouco. Basta um fim de semana. Em um fim de semana, você pode analisar seu passado para ter uma boa noção do *tipo* de trabalho que adoraria fazer. Naturalmente, você pode estender a duração desse inventário – talvez convenha a você executá-lo em períodos de uma ou duas horas, uma noite por semana.

Mas é sempre o melhor caminho. De fato, é a maneira mais sensata para alcançar satisfação profissional. **Não decida seu futuro antes de ter inventariado seu passado.**

Resumindo

Ao escolher uma profissão, *você* precisa decidir o que quer fazer, ou alguém vai acabar o convencendo de uma porção de besteiras que podem causar danos irreparáveis à sua auto-estima e ao seu senso de valor e fazê-lo desperdiçar os dons que você tem.

6

Dicas para decidir ONDE você gostaria de empregar suas habilidades

O próximo passo de qualquer caça ao emprego deve ser a pergunta: onde você gostaria de empregar suas habilidades? Faz enorme diferença o lugar onde você desempenha suas funções preferidas. Todo mundo sabe a diferença que é trabalhar como enfermeira, atendendo bebês ou num escritório de advocacia.

A questão de ONDE você desempenha suas funções favoritas envolve pensar sobre a área em que você escolhe trabalhar. Então, as perguntas que você deve se fazer (cuidando de anotar a resposta) são:

1. Quais são meus interesses preferidos? (Computadores? Jardinagem? Espanhol? Leis? Física? Lojas de departamento? Hospitais?, etc., etc.)

2. Se não puder pensar em nenhum interesse que mais aprecie, pergunte-se se conseguiria conversar com alguém sobre *alguma coisa* por um dia inteiro, um dia após o outro... Sobre que assunto ou que área de interesse vocês conversariam?

Se estivesse abandonado numa ilha deserta, tendo por companhia uma pessoa que tivesse capacidade de conversar apenas sobre alguns poucos assuntos, você rezaria para que fossem quais esses assuntos?

Se acontecer de você ter mais de um interesse que mais aprecia, trabalhe com dois de cada vez e pergunte-se: se estivesse conversando com alguém sobre dois de seus assuntos favoritos, para qual deles dirigiria a conversa? Qual assunto você escolheria?

3. Um vez que descubra quais são os lugares que mais o interessam, olhe lá atrás, para suas respostas no item O QUE, e veja se pode colocar lugar e tipo de trabalho juntos, utilizando-os numa função específica. Por exemplo, se adorar trabalhar com cálculos, e seu lugar favorito for um hospital, você deveria tentar uma colocação no departamento de contabilidade de um hospital.

4. Dispondo de alguma idéia sobre que empregos o interessam, vá visitar os locais onde esses empregos estão e converse com as pessoas que executam essas funções para checar se a coisa realmente interessa a você ou não. Isso é chamado de "pesquisa informal" ou "entrevista para coleta de informações".

5. Se você está decidido a permanecer na sua antiga profissão (e foi dispensado em função de um enxugamento da empresa ou qualquer coisa assim), há sempre alguma maneira de adotar novos direcionamentos. Pergunte-se, por exemplo: *"Quem pode estar interessado nas habilidades ou na capacidade de resolver problemas que eu desenvolvi em meu último emprego?"*

Pergunte a si mesmo quem você atendeu em seu último emprego que pode estar em posição de contratar alguém com seu talento.

Pergunte-se quem prestou treinamento ou algum curso de desenvolvimento de pessoal, na sua última companhia ou no seu campo de trabalho: será que alguma dessas pessoas estaria interessada em contratar você?

Pergunte-se com que máquinas ou tecnologia você aprendeu a lidar, a ensinar os outros a lidar ou aprimorar-se em seu uso, no seu último emprego: quem está interessado nessas máquinas ou nessa tecnologia?

Pergunte-se que matérias-primas (por exemplo, papel fotográfico em câmaras escuras), equipamento ou serviço de suporte você usou em seu último emprego: algum desses fornecedores conhece outros lugares onde seus equipamentos ou serviços de suporte são utilizados?

Pergunte-se quem eram os subcontratantes, agenciadores de recursos externos ou agências de emprego temporário utilizados em seu último emprego. Algum deles estaria interessado em contratar você?

Pergunte-se que comunidades ou organizações de serviço estavam interessadas em seus projetos no último emprego: alguma delas desejaria contratá-lo?

6. Se você decidiu tentar uma nova profissão ou entrar em um novo ramo (novo para você), mas desanimou ao verificar quanto preparo isso custará, vá conversar com pessoas que executam essas funções. E não busque regras ou generalizações. Procure pelo que foge às regras. Por exemplo, todos podem dizer que a regra é: *"Para fazer esse trabalho, você precisa ter curso universitário e dez anos de experiência no ramo."* Mas você quer descobrir as exceções. *"Sim, mas você sabe de alguém nesse ramo que não possui essas credenciais? Onde posso encontrá-lo?"*

7. Uma vez que você saiba o tipo de trabalho que está procurando, conte a todos do que se trata. Arrume a maior quantidade possível de olhos e ouvidos para ajudá-lo a procurar.

8. Se você possuir uma secretária eletrônica, pode pensar até mesmo em gravar uma mensagem dizendo o seguinte: *"Alô! Aqui é a Sandra. Estou ocupada agora, procurando por um emprego no departamento de contabilidade de algum hospital. Deixe seu recado depois do bip e, se por acaso tiver alguma indicação ou contato para me passar, lembre-se de dizer isso também, junto com o seu número de telefone. Muito obrigada."*

Por que procurar emprego em empresas pequenas

Especialistas vêm afirmando, há anos, que pequenas empresas criam até dois terços de todos os novos empregos. Se saber disso faz com que você queira procurar emprego em uma pequena empresa, eu tenho boas notícias: é *muito* mais fácil de se entrar nelas do que nas grandes empresas, acredite em mim.

Numa pequena empresa, você não precisa esperar até que existam vagas *conhecidas*, porque elas raramente anunciam vagas, mesmo que haja uma. Basta que você vá até lá e pergunte se precisam de algum novo empregado.

Numa pequena empresa não há um Departamento Pessoal ou de Recursos Humanos para selecioná-lo, servindo de barreira entre você e a pessoa que precisa ver.

Numa pequena empresa não há problemas em se identificar a pessoa-que-tem-o-poder-de-contratar-você. Existe um *chefe*. Todo mundo lá sabe quem ele é. Os empregados podem encaminhá-lo à porta de seu escritório, facilmente.

Numa pequena empresa não há necessidade de se aproximar através do correio. Se você usar os seus contatos pessoais, conseguirá ir até lá para falar com o chefe. Ou você chega lá e pede para ver o dono. E se, por acaso, ele for bem protegido contra intrusos, é relativamente fácil descobrir como contornar o problema. Contatos são a resposta.

Numa pequena empresa, principalmente se ela estiver crescendo, há muito mais probabilidade de já estarem querendo criar um novo cargo, que sirva exatamente para você, *se puder convencê-los de que é bom demais para que o deixem escapar de suas garras.*

Por todas essas razões, e por muitas outras, devemos sempre pensar em pequenas organizações. Se amanhã eu estivesse atrás de um emprego, eis o que faria. Depois de ter visualizado qual seria o meu emprego ideal e coletado uma lista das empresas que oferecem esse tipo de emprego, na área geográfica de minha preferência, passaria uma linha em volta dos nomes e dos endereços das pequenas empresas (pessoalmente, restringiria meu *primeiro* leque de opções àquelas com até 25 empregados) – e iria tentar entrar nelas.

No entanto, como algumas pequenas empresas podem estar estagnadas, ou mesmo morrendo, procuraria particularmente as que estivessem em condições *estáveis* ou *crescendo.* E se *organizações com até 25 empregados,* eventualmente, não resultassem em nada mais concreto, ampliaria meu raio de ação para organizações com até 50 empregados. Finalmente, se também continuasse a zero, eu me voltaria para organizações com até 100 empregados. Mas começaria pelo pequeno. Pelo muito pequeno.

"Dizem que preciso voltar aos estudos, mas não tenho tempo nem dinheiro para isso"

Depois de identificar os empregos e as profissões que lhe interessam, e tendo mentalmente *experimentado* essas opções e verificado se combinam com você, a seguir é preciso descobrir quanto *treinamento é necessário para ingressar naquele ramo ou profissão.* Você fará essas perguntas às mesmas pessoas com quem vinha conversando até agora.

Na maioria das vezes vai ouvir *más notícias.* Vão lhe dizer alguma coisa como: *"Para ser contratado para este emprego, você precisa ter um mestrado e 10 anos de experiência."*

Se é o que você pretende, ou seja, se tem tempo e dinheiro para isso, ótimo! Mas e se não for o seu caso? Isto é o que deve fazer, então: procurar por uma exceção.

"Sim, mas você conhece alguém que tenha entrado para essa profissão sem um título de mestrado e sem os 10 anos de experiência?

Onde eu poderia encontrar essa pessoa?

Se não conhece essa pessoa, quem poderia me dar uma indicação de alguém assim?"

Durante sua entrevista, não alimente suposições (*"Puxa, mas eu pensava que..."*). Pelo contrário, questione as suas suposições, *todas elas,* não importa se foram transmitidas a você por pessoas que tenham lhe garantido que *"é assim que as coisas são"*.

Mantenha sempre em mente que existem pessoas *lá fora* que vão lhe dizer alguma coisa absolutamente *diferente*, com toda a convicção de que são capazes – porque realmente *acreditam* que é a verdade. Essas pessoas são 100% sinceras. Já a precisão de suas informações pode ser *um pouco* menor. Você precisa checar e checar outra vez cada informação que as pessoas lhe derem, dizendo que as recolheram em livros (mesmo este aqui).

Portanto, não importa o quanto as pessoas lhe digam que as regras para conseguir uma colocação em particular são assim e assado, que não há exceções – pode acreditar que essas exceções *existem*. E isso vale para todas as regras, exceto naquelas profissões para as quais se exige legalmente um diploma, como é o caso da medicina e da advocacia.

Claro que regras são regras. Mas você precisa levar em conta que, neste vasto mundo, *alguém* encontrou uma maneira de ingressar na profissão dos seus sonhos sem passar por todos os desvios que o restante das pessoas lhe dizia serem *inevitáveis*.

Você precisa descobrir quem são essas pessoas e ir conversar com elas, para descobrir *como fizeram seu caminho*.

OK, mas vamos supor que você está determinado a entrar numa carreira que leve anos de preparação e não encontrou ninguém que tenha pego um atalho. O que fazer então?

Mesmo assim, você pode chegar *perto* da profissão *sem* tanta preparação. Todo especialista trabalha *assistido* por um ou mais profissionais, que, por sua vez, necessitam de menos treinamento para desempenhar suas funções. Por exemplo, em vez de se tornar um médico, você pode partir para um trabalho paramédico.

Vendendo a si próprio ao empregador quando não possui experiência

Vamos supor que tenha encontrado a profissão dos seus sonhos. Mas como vender-se ao empregador em potencial, quando você não possui experiência nem no campo de trabalho nem na função pretendidos?

Nesse caso, você deve lembrar que toda ocupação é composta de uma série de tarefas, de responsabilidades. E que toda tarefa ou responsabilidade exige, em contrapartida, certas habilidades para ser bem feita.

Você pode descobrir rapidamente quais as habilidades requeridas por essa sua nova profissão, indo conversar com pessoas que já estão trabalhando nela. Você vai perguntar: *"Que tarefas ou responsabilidades você tem nessa profissão?"* E: *"Que habilidades são necessárias para executar essas tarefas e para assumir essas responsabilidades?"* Munido dessa lista, depois de entrevistar duas ou três pessoas, você pode compará-la com a das habilidades que possui e colocar uma marca nas que forem comuns às duas listas. Depois disso, você pode abordar um empregador em potencial, apresentando-se como alguém que *possui* experiência na nova profissão que escolheu. Claro que você é iniciante na função e no campo de trabalho em questão, mas é a sua experiência que conta. Ou seja, suas habilidades, que são, precisamente, as necessárias para executar as tarefas e assumir as responsabilidades do seu novo emprego ou da sua nova profissão.

Você será capaz não apenas de enumerar essas habilidades, mas pode fornecer ao empregador evidências de que as possui, trazidas do seu passado profissional.

É verdade que usou essas habilidades em uma outra função e em um outro campo, até o momento. Mas as habilidades são **transferíveis**. Quer dizer, se você era bom em, digamos, *analisar coisas* no passado, será bom também em *analisar coisas* nessa nova ocupação e nesse novo campo de trabalho. *Analisar coisas* não é apenas uma habilidade, é uma *habilidade transferível.*

Se tiver conversado bastante com pessoas envolvidas nessa nova profissão, antes de abordar um empregador, já terá também ganhado considerável conhecimento a respeito do campo de trabalho e da função em vista – mesmo que nunca tenha trabalhado nela – e, pelo menos numa pequena medida, estará mais *familiarizado* com ambas as coisas do que se não tivesse conversado com ninguém a respeito.

É claro que, antes de abordar o empregador, você precisa fazer um levantamento a respeito de si mesmo. Especificamente, precisa produzir um inventário de quais seriam, exatamente, suas habilidades transferíveis.

Isso leva tempo. Requer paciência. E exige um método bastante sistemático.

Não podemos lhe dar o método.

Você vai ter que entrar com o tempo. E com a paciência.

Resumindo

Procurar um emprego que você quer encontrar ansiosamente vai tomar conta de você por inteiro. Quanto mais estiver tentando encontrar uma coisa que ame de fato, mais vai investir nisso. A determinação nasce das visões que possuímos. Visões ardentes e brilhantes.

7

Dicas sobre COMO encontrar o emprego que você procura

COMO. Essa é a etapa final de qualquer caça ao emprego. É a parte mais difícil de qualquer caça ao emprego. Isso, é claro, depois de assegurar-se de ter assumido a *postura* correta a respeito da caça ao emprego de forma geral.

Depois de ter decidido o que você está procurando e onde gostaria de trabalhar, você chega a essa questão, que é, afinal de contas, o ponto central disso tudo. Como você deseja saber como fazer isso mais depressa, aqui estão boas dicas:

1. Para acelerar a sua procura por um desses empregos que *estão* por aí, *você deve pensar em si mesmo como já tendo encontrado um emprego*. Seu trabalho, nesse caso, é a caça ao emprego. Coloque isso num contexto amplo, pense em si próprio como alguém que sempre teve um emprego. Acontece apenas que a natureza desse emprego varia, em diferentes momentos da sua vida. Se você esteve trabalhando para alguém, esse era o seu emprego. Se você estava trabalhando para si próprio, esse era o seu emprego. Se está caçando emprego, esse é o seu emprego agora. Você nunca foi um desempregado. Mesmo que o mundo o chame assim, você tem um emprego de horário integral (sem pagamento), das 9 às 7 horas, todo dia útil, porque a caça ao emprego é um emprego de horário integral, como tantos outros que você já teve na vida.

2. Já que esse é o seu emprego – procurar por um emprego –, você deve "ligar-se" às 9 horas e "desligar-se" às 17 horas, como qualquer outro trabalhador. *Você deve decidir-se a empregar todo o seu tempo nessa fase de sua vida profissional, se deseja acelerar sua caça ao emprego. Isso porque a velocidade com que você conduzir essa parte da sua caça ao emprego dependerá diretamente do tempo que empregar nela.*

Enfatizo sempre essa questão do "emprego das 9 às 17 horas" porque estudos revelam um fato deprimente. Dois terços dos caçadores de emprego dedicam cinco horas por semana, e às vezes menos, à sua caça ao emprego.

Você deve dedicar 35 horas por semana, no mínimo, para encontrar um desses empregos que estão por aí. E isso – mais do que qualquer outro fator – reduzirá drasticamente o número de semanas que levará para você encontrar um emprego.

3. Você deve estar psicologicamente (e financeiramente) preparado para que sua caça ao emprego dure mais do que pensa. *Até mesmo as mais curtas duram entre duas a 18 semanas, dependendo de uma variedade enorme de fatores, mesmo que você se dedique em horário integral.* Depende, é claro, do tipo de trabalho que está procurando, de onde mora, da sua idade, do quanto você se empenha e da situação local da economia.

Mas nunca aposte nesse mínimo de duas semanas. Esteja preparado para as 18 semanas, ou algo ainda mais longo.

4. Não desista. Seja gentil e amorosamente persistente a respeito de sua caça ao emprego. Um em cada três caça-

dores de emprego desiste depressa demais. Isso quer dizer que um em cada três se torna um caçador de emprego fracassado simplesmente porque abandona sua procura prematuramente. E, se for perguntado por que a abandonou, vai dizer: *"Não pensei que fosse tão difícil."* Ou: *"Não pensei que durasse tanto tempo."* Em outras palavras, o que *acaba* com alguns caçadores de emprego é uma espécie de limite em sua mente, algo mais ou menos assim: *"Tenho esperança de encontrar um emprego depois de 30 telefonemas, 15 deles falando diretamente com a pessoa visada, e três entrevistas."* Aí, vamos procurar empregos até atingir ou mesmo exceder esse limite, para, então, desistirmos. Sem encontrar emprego. Um em cada três de nós faz exatamente assim. Não deixe que isso aconteça com você.

Continue até encontrar um emprego. É um jogo de **persistência**. Persistência significa voltar aos lugares que lhe interessaram, pelo menos duas vezes, nos meses seguintes à primeira visita, para checar se há alguma novidade no oferecimento de vagas.

O caçador de emprego precisa de esperança, acima de todas as coisas. E a esperança nasce da *persistência.*

5. Não espere que, necessariamente, você seja capaz de encontrar exatamente o mesmo tipo de trabalho que fazia. Eu sei o que você está pensando. Se adorou o seu último emprego, está pensando: *"Gostaria de procurar exatamente pelo tipo de emprego que eu estava acostumado, ocupando o mesmo cargo."*

Talvez você possa. *Mas* esteja preparado para o fato de que, nas mudanças da vida e do mundo, empregos desaparecem. Não espere, necessariamente, que vá encontrar o mesmo tipo de trabalho que exercia antes. Então, você precisa tirar os rótulos de si mesmo *("Eu sou um trabalhador autônomo", etc.)* e definir-se, ao contrário, como *"Sou uma pessoa que..."*. Defina alguma outra linha (ou linhas) de trabalho que poderia fazer, pode fazer e gostaria de fazer.

6. Para acelerar a busca por um desses empregos que *estão* por aí, encontre algum grupo de apoio. Você não precisa enfrentar tudo sozinho. Busque auxílio, faça isso sempre. Você vai se admirar, descobrindo o quanto seria desencorajado sem essa ajuda. Isso tudo acelera ainda mais sua caça ao emprego. Aqui estão algumas opções para você escolher:

a. Seu colega ou parceiro, avós, irmão ou irmã, ou mesmo seu melhor amigo. Um *capataz amoroso.* Alguém que marque um encontro semanal com você, que cheque o que fez durante a semana e que seja muito sincero, caso tenha feito pouco ou nada, desde seu encontro anterior. Você quer compreensão, simpatia e disciplina. Se o seu colega, irmão ou irmã, ou seu melhor amigo, pode lhe oferecer isso, corra!... Aliste-os imediatamente.

b. Um orientador vocacional. Garanto a você que orientadores vocacionais não costumam ser incluídos nos grupos de apoio. Se puder pagar por seus serviços, essa é uma boa estratégia de reserva.

7. Para acelerar a sua procura por um dos empregos que *estão* por aí, contate várias e diferentes empresas, e não apenas uma ou duas. Restringir sua procura a apenas uma ou duas de suas empresas preferidas é *a morte.* Não importa o quanto ama aquela empresa, e não impor-

ta que você desse a vida para trabalhar para aquelas pessoas, e também não importa que a situação ali pareça enormemente promissora *("Telefonaremos para você na próxima semana. Juro!")*, continue a procurar, dia após dia.

Não suspenda sua caça ao emprego apenas porque tem a esperança de que aquela colocação *vá sair*. Continue procurando, em outras companhias, até o dia em que, de fato, estiver empregado! Ou, então, vai ter perdido um tempo muito, muito precioso, quando alguma coisa que parecia *certa* falhar, na última hora.

Muitos de vocês terão bons motivos para lembrar essas palavras, mais tarde, se as ignorarem agora!

8. Para acelerar a sua procura por um dos empregos que *estão* por aí, *determine-se a correr atrás de todas as empresas que interessam a você. Não se importe em saber se estão ou não oferecendo empregos.*

Sublinhe esta regra, copie, escreva no espelho do banheiro, memorize-a, repita para você mesmo a cada manhã. Eu direi novamente: *Não se importe em saber se estão ou não oferecendo empregos.*

Se você basear a sua procura por emprego em lugares onde sabe que estão oferecendo vagas, prolongará sua busca indefinidamente! Em geral, as vagas surgem *muito antes* de que seja anunciado que elas existem. Além disso, **quando os chefes ou gerentes pensam em criar uma nova posição, essa *intenção* costuma permanecer em suas mentes algum tempo antes que eles façam alguma coisa para tentar preenchê-la.** Se os contatar durante esse momento tanto oportuno quanto invisível, você surgirá como a resposta às preces deles.

9. Para acelerar a sua procura por um dos empregos que *estão* por aí, *concentre-se em organizações com 25 empregados, ou menos*. Há uma tendência nos caçadores de emprego a fazer das grandes corporações a *medida de todas as coisas* que acontecem no mercado de trabalho. Se as páginas dos jornais estão cheias de notícias sobre essas companhias e sobre o fato de estarem demitindo milhares de empregados, a maioria dos caçadores de empregos presume que as coisas estão *ruins* em toda parte. E acabam por confirmar isso, quando concentram seu foco apenas nas companhias maiores e mais conhecidas. Se não conseguem encontrar emprego em nenhum desses lugares, resolvem que ninguém está contratando. Esse é um equívoco muito comum e muito oneroso.

O fato é que há sempre companhias que estão contratando – mas, geralmente, são pequenas companhias – com 100 empregados, ou menos. Essas empresas vêm criando duas em cada três colocações desde 1970. Assim, como foi dito no capítulo anterior, você deve concentrar-se em toda pequena companhia atuando em sua área que pareça promissora – empresas que tenham 100 empregados ou menos. Pessoalmente, começaria por empresas que possuem até 25 empregados.

Leia as páginas de negócios dos jornais diariamente, repare em quais firmas pequenas estão contratando, converse com todas as pessoas que puder a respeito do assunto, visite instituições como o SEBRAE e tente descobrir as pequenas empresas que estão crescendo e se expandindo.

É verdade que firmas menores tendem a oferecer

menores benefícios, assim como assistência médica, por exemplo. Por outro lado, são acessíveis, o dono o recebe com mais facilidade, não existem proibições quanto à entrada de pessoas estranhas ao serviço e não têm departamentos de recursos humanos para fazer a filtragem. *E* elas têm empregos a oferecer.

10. Para acelerar a sua procura por um dos empregos que *estão* por aí, contate pelo menos *quatro empregadores por dia pessoalmente, ou, pelo menos, 40 por telefone; e, se estiver fazendo contato através de currículos, mande centenas por semana.* Enfatizo isso porque estudos têm demonstrado que os caçadores de emprego nos Estados Unidos visitam apenas seis empregadores por mês. Isso é pouco mais do que um empregador *por semana.*

Note bem: *visitas.* Claro que você pode contatar centenas deles toda semana, por escrito (currículos), mas estamos falando de *cara a cara.*

A lógica mais simples vai lhe dizer que essa é uma das variáveis que faz a caça ao emprego demorar tanto. Digamos que você fosse um caçador de emprego mediano, dos que visitam *seis empregadores por mês,* e vamos dizer que leve 12 meses para encontrar um emprego. Matematicamente, isso significa que você contatou 72 empregadores, cara a cara, para encontrar seu emprego.

Mas digamos que esteja com o tempo apertado quando tiver que sair à caça de novo, e, dessa vez, você sabe que deve encontrar-se, cara a cara, com 72 empregadores para ser contratado. Então, você pode resolver contatar, quem sabe, *quatro* empregadores *por dia,* todo dia útil. Nesse caso, cobrir os 72 empregadores e conseguir seu emprego vai demorar pouco mais de três semanas, em vez de 12 meses!

Tudo isso você pode descobrir sozinho, é simples lógica, mas que está confirmada por estudos, os quais demonstram que, se o caçador de empregos contatar dois empregadores por semana, o tempo médio da procura será de mais de um ano. Mas, se o caçador de empregos procurar dez empregadores por semana, isso reduzirá o tempo médio para seis meses. E, no caso de 20 empregadores contatados por semana, esse tempo médio cai para 90 dias, ou menos.

Portanto, o senso comum determina que você deve procurar *pelo menos* quatro empregadores por dia útil, dois pela manhã e mais dois à tarde. E você deve assumir que terá que fazer isso por muitas semanas (ou meses), ou seja, pelo tempo em que estiver à caça de emprego. É o que vai diminuir enormemente a duração da sua procura.

Quando efetivamente abordar os empregadores, esteja sempre preparado para contar a eles o que o torna diferente das outras 10 pessoas que podem executar a mesma coisa que você. E não se abata se for rejeitado, se não tiverem nada a oferecer. Seja educado, pergunte se sabem de alguém que possa empregá-lo. Insista até conseguir o emprego.

11. Para acelerar a sua procura por um dos empregos que *estão* por aí, *use o telefone.* Alguns especialistas, é claro, desaconselham essa estratégia. *"Nunca, nunca use o telefone"*, é o que dizem, em *qualquer* circunstância, porque isso apenas torna mais fácil para o empregador despachar você.

No entanto, todos os programas de caça ao emprego em grupos bem-sucedidos que venho estudando há anos basearam suas ações em utilização *pesada* do telefone.

Quanto mais o grupo estimula seus caçadores de emprego a se valerem do telefone, melhor funciona, ou seja, mais depressa consegue encontrar os empregos para seus membros.

Assim, se você tiver tentado tudo, em vão, dar telefonemas é a sua estratégia de reserva. É quase garantido que saia alguma coisa daí, em função do decisivo peso da quantidade.

Claro que sei que isso não é fácil para a maioria de nós. Mas algumas pessoas nasceram para isso tanto quanto um pato nasceu para viver na água. No entanto, a maioria de nós *odeia* receber pedidos pelo telefone, e odiamos pensar em fazer isso, ainda que estejamos nos dirigindo a outras pessoas (especificamente: aos empregadores).

De qualquer forma, se você decidir fazê-lo, veja o que os especialistas ensinam sobre caçar emprego usando o telefone:

- Pegue as *Páginas Amarelas* e telefone para toda companhia ou empresa listada que desperte seu interesse, perguntando se estão contratando pessoas para a espécie de trabalho que você é capaz de fazer.
- Anote o que planeja dizer. Os especialistas aconselham que, antes de telefonar, você deve estabelecer os objetivos da ligação – anote-os, para você mesmo –, fixando os pontos centrais que deseja cobrir durante a conversa. Muitos especialistas chegam a dizer: *"Anote tudo, palavra por palavra."* É o

seu roteiro, e não tente fugir dele. Não tenha vergonha de ler o que escreveu, desde que não soe como se estivesse lendo, de fato. Ensaie tudo, várias vezes.

- Se puder, comece a conversa demonstrando ter alguma ligação autêntica com seu interlocutor: "Acabei de saber que... E eu..." Se não puder arranjar uma conexão autêntica, não tente inventar.
- Fique de pé, enquanto estiver falando ao telefone. Sua voz parecerá mais firme dessa maneira.
- Coloque o espelho à sua frente, na parede, ao nível dos seus olhos, para poder observar-se e ver se está sorrindo, enquanto fala.
- Ligue antes das 9:30h da manhã, ou um pouco antes do meio-dia, ou depois das 17h. Se são os gerentes que você está procurando, e se são muito ocupados, esses são os melhores horários para encontrá-los sem intermediários.
- Uma vez que esteja com a companhia na linha, peça para falar com o gerente. Quando este vier atender, dirija-se a ele pelo nome, apresente-se, diga seu nome e, então, resumidamente *(em uma frase, apenas),* exponha sua qualidade pessoal mais forte, sua maior habilidade, uma *breve* descrição da sua experiência, e pergunte se há uma colocação em aberto para alguém com sua qualificação e experiência. Por exemplo: *"Sou um escritor experiente, com três livros publicados, e gostaria de saber se vocês têm algum emprego para alguém com a minha qualificação."* Se a resposta for *"sim"*, marque uma entrevista, repita a data da entrevista e repita seu nome. Se for

"não", pergunte se sabe de alguém que poderia estar contratando uma pessoa com sua qualificação.

- Se um conhecido sugeriu que você ligasse para essa pessoa, use o nome dele como referência: "Quem me deu a indicação de ligar para você foi ..."
- Se tiver feito alguma coisa que tenha atraído o interesse da comunidade, escrito um artigo no jornal local, por exemplo, introduza isso na conversação, se a ligação durar mais de um minuto.
- Se o seu interlocutor começar a colocar muitas objeções, tente responder da seguinte forma: *"Compreendo...", "Sim, concordo com a sua posição...", "Estou de pleno acordo...", "Claro! Mas..."*
- Alguns especialistas aconselham que você faça menos ligações selecionando as empresas que de fato lhe interessam, e procure saber mais sobre elas, antes de ligar. Outros aconselham que você não ligue pedindo emprego, mas atrás de alguma informação. E todos aconselham que você agradeça a atenção do empregador antes de desligar, quer ele tenha lhe dado alguma indicação de emprego ou não.

12. Para acelerar a sua procura por um dos empregos que *estão* por aí, bata em muitas portas – particularmente se você é daqueles que odeiam usar o telefone.

Selecione os lugares. Seja através da lista telefônica, ou andando pelas ruas da cidade ou do bairro nas quais você gostaria de trabalhar. Então, pessoalmente, entre nas empresas que lhe interessarem e verifique se estão contratando alguém com sua qualificação.

Se quer acelerar sua caça ao emprego, esta dica, para

dizer de outra maneira, significa que você tente um contato *cara a cara* com o empregador, sempre que possível, em vez de mandar cartas ou um currículo. Dos caçadores de emprego que utilizam essa abordagem, 48% conseguem uma entrevista de seleção e, depois, o emprego.

Sim, sei muito bem que isso não é fácil para a maioria de nós. Mas, se nada mais estiver funcionando, é uma estratégia de reserva na qual se pode confiar.

Um caçador de empregos disse, certa vez: *"Consegui meu primeiro emprego de verdade batendo em muitas portas, perguntando se precisavam de um projetista. Obtive a primeira resposta na quinta tentativa – que não foi a última porta em que bati. Uma semana depois, estava trabalhando. Tive uma sorte incrível porque o projetista que eles tinham pediu demissão no dia em que fui lá. Trabalhei naquela empresa por dois anos e depois recebi o convite para uma colocação muito melhor por parte de amigos que fiz naquele emprego."*

De uma forma geral, e particularmente no caso de pequenas empresas, você deve falar com o dono ou com o gerente encarregado de contratações – aquele que toma a decisão sobre quem empregar.

Quando bater na porta de organizações maiores, você deve tentar evitar o departamento pessoal ou de recursos humanos, já que a principal função desses setores é servir de barreira aos caçadores de empregos, para que ninguém incomode "o pessoal de cima". No entanto, há exceções para essa regra, lugares onde esses departamentos atuam de forma prestativa, gentil, e têm o poder de contratar novos empregados. Você deve avaliar a situação, segundo seu bom senso. *(Você só deve ser encaminhado para esses departamentos no caso de empresas maiores, já que apenas 15% das organizações, no máximo, mantêm setores do gênero.)*

Em organizações mais **frias**, se a única pessoa que conseguir ver for a recepcionista ou alguém do departamento de recursos humanos, o que vai acontecer é que pedirão que preencha um formulário, candidatando-se.

Formulários desse tipo são perguntas e respostas muito básicas, tais como: nome, endereço, idade, lugares em que você já trabalhou, etc. Variam muito de complexidade, dependendo, digamos, se for uma cadeia de fast-food ou uma firma de engenharia. Se você decidir que vale a pena preencher o formulário, use uma caneta de tinta preta e, com boa caligrafia, responda a todas as perguntas e preencha todas as lacunas, mesmo que a pergunta não se aplique a você (escreva *"a pergunta não se aplica a mim"* nesses espaços), escreva *"em aberto"* no espaço reservado para sua pretensão salarial e assine. Se perguntarem as razões por que deixou seu emprego anterior, você pode escolher entre as respostas: *o cargo foi extinto, tive problemas familiares a resolver (que não é mais um problema), era um emprego temporário, quero mudar de profissão, desejo mais responsabilidades do que me davam.*

Se você nunca viu um formulário desse gênero na sua vida e se pretende entrar nas organizações **frias**, deve se familiarizar com formulários com antecedência. A única maneira de fazer isso, sem arriscar uma de suas chances de emprego num lugar que realmente lhe interesse, é visitar uma empresa de fast-food ou alguma grande companhia na qual não tenha intenção de trabalhar e que mantenha um departamento pessoal. Lá, você deve, simplesmente, pedir um formulário para candidatos a emprego e sair direto porta afora.

Leve o formulário para casa, onde você pode estudá-lo e dar uma praticada em como preenchê-lo. Depois que tiver aprendido o que precisa, jogue-o na cesta de lixo. Não o devolva à empresa de onde o pegou. O objetivo desse exercício é, simplesmente, descobrir como é um formulário desse tipo e não usá-lo de verdade – pelo menos, no momento. Agora que já sabe como é um formulário de pedido de emprego, espero que você nunca precise preenchê-lo.

A maioria de nós abomina a idéia de fazer isso. Mas, se nada mais estiver funcionando, é uma boa estratégia na manga com a qual você pode contar.

O método de abordagem do tipo "entre lá" pode dar resultados para você ou não. A eficácia talvez seja inversamente proporcional ao nível do emprego desejado. O método é mais efetivo para empregos mais modestos do que para uma colocação de nível gerencial. Em seu estudo pioneiro sobre caça ao emprego anos atrás, Harvey Belitsky e Harold A. Shepard descobriram que a tentativa cara a cara, mesmo sem contatos prévios ou *indicações*, era *o método mais efetivo* de caça ao emprego *para as colocações mais modestas.*

13. Para acelerar sua procura por um dos empregos que *estão* por aí, esteja disposto a procurar diferentes tipos de trabalho: empregos de tempo integral, empregos de meio expediente, contratos de curto prazo, empregos

temporários, empregos por conta própria ou por contratação numa empresa, etc.

14. Para acelerar sua procura por um dos empregos que *estão* por aí, lembre-se sempre de que, independentemente das desvantagens que possam potencialmente prejudicar sua caça ao emprego, há sempre dois tipos de empregadores: *aqueles que, por causa da sua desvantagem, perderão o interesse em você, e que portanto não lhe darão o emprego, e aqueles que, apesar da sua desvantagem, não perderão o interesse em você, e que portanto lhe darão o emprego.*

Ocorre que você também não está interessado na primeira categoria de empregadores – os que perderão o interesse em você por causa da sua desvantagem –, não importa quantos sejam, a não ser como fonte de referência.

Você está exclusivamente procurando aqueles empregadores que não perderão o interesse em você, por causa da sua desvantagem, que o contratarão *se puder executar o trabalho.*

Assim, se o empregador com quem você estiver conversando numa entrevista mostra-se visivelmente chateado com a sua (suposta) dificuldade, tente encerrar o assunto e perguntar, ao sair, se ele conhece alguém que possa estar interessado em suas habilidades. Continue tentando, até achar o segundo tipo de empregador.

Esse tipo sabe que não importam quais habilidades você não tem, ao passo que as habilidades que você tem se encaixam exatamente ao que ele precisa para o trabalho.

Entre as desvantagens (escondidas ou óbvias) que podem nos tornar menos *empregáveis* estão:

Eu tenho uma deficiência física ou mental, não terminei o ensino médio, não fiz uma faculdade, ainda estou me formando, me formei há apenas um ano, já faz tempo que me formei, sou autodidata, sou bonito ou feio demais, sou muito magro ou muito gordo, sou muito jovem ou muito velho, estou próximo da aposentadoria, tenho ficha criminal, tenho histórico psiquiátrico, nunca trabalhei antes, já tive empregos demais ou apenas um emprego, sou estrangeiro, sou negro, não tive muita educação ou tive educação demais, sou muito generalista ou muito especializado, sou clérigo, acabei de sair do serviço militar, trabalhei apenas como voluntário, trabalhei apenas para grandes empresas, trabalhei apenas para pequenas empresas, sou tímido demais, concordo com tudo, venho de experiências muito diferentes.

15. Para aumentar as suas chances de ser contratado logo, nunca se abata quando for recusado. Meu amigo Tom Jackson, em seu livro *Guerrilla tatics in the job market* (Táticas de guerrilha no mercado de trabalho), diz que uma típica caça ao emprego é: NÃO NÃO NÃO NÃO NÃO NÃO NÃO NÃO NÃO NÃO NÃO NÃO NÃO NÃO NÃO NÃO NÃO NÃO NÃO NÃO NÃO NÃO NÃO NÃO NÃO NÃO NÃO NÃO NÃO NÃO NÃO NÃO NÃO NÃO NÃO NÃO NÃO NÃO NÃO NÃO NÃO NÃO NÃO NÃO NÃO NÃO NÃO NÃO NÃO NÃO NÃO NÃO NÃO NÃO NÃO NÃO NÃO NÃO NÃO NÃO NÃO NÃO NÃO NÃO NÃO NÃO NÃO NÃO NÃO NÃO NÃO NÃO NÃO NÃO NÃO NÃO NÃO **SIM**.

Mesmo depois de consecutivas entrevistas, em diversos lugares, quanto mais NÃOs você ultrapassa, mais perto estará do SIM. O ideal, claro, é que você termine tudo com dois SIMs. Assim, poderá escolher entre, pelo menos, duas opções.

16. Trate cada empregado com cortesia, mesmo que pareça claro que eles não podem lhe oferecer um emprego lá dentro. Mas eles podem ser capazes de comentar a respeito de você com uma outra pessoa na semana seguinte, se você tiver deixado uma boa impressão.

Como utilizar seus contatos para conseguir uma entrevista

Para conseguir uma entrevista numa empresa que interessa a você, a primeira providência que você precisa tomar é *descobrir o nome da pessoa que tem o poder de contratá-lo*. Numa organização pequena – com até 50 empregados – esse é um problema fácil de resolver: basta telefonar e perguntar o nome do chefe.

Mas, se está tentando uma organização maior, você terá que fazer uma pesquisa, seja na Internet, em revistas especializadas e em associações ou sindicatos do ramo da empresa.

Se sua pesquisa não trouxer resultados – o que pode muito bem acontecer no caso de empresas menores –, use seus contatos.

•

Quem são os contatos que o levarão ao emprego?

Toda pessoa que você conhece é um contato: todo membro de sua família, seus amigos, todas as pessoas que estiverem na sua caderneta de telefones e para quem você costuma mandar cartões de Natal, toda pessoa com quem você teve qualquer relacionamento comercial, como cliente, comprador ou fornecedor, qualquer pessoa que vá à sua casa prestar qualquer tipo de serviço, reparos ou manutenção, todo funcionário de escritório que você conheça, todo frentista de posto de gasolina, qualquer companheiro de horas de lazer, do tipo que faz caminhadas com você, ginástica, natação, ou seja o que for, todo médico, advogado ou qualquer profissional que você conheça, todo professor com quem você já teve algum relacionamento e que ainda sabe como encontrar, toda pessoa ligada ao clero – rabinos, líderes religiosos – que conheça, toda pessoa de sua igreja, sinagoga, mesquita ou assembléia religiosa, todas as pessoas que participem de organizações comunitárias, toda pessoa que você conheceu em festas que foi no último ano, todo colega de trabalho dos seus últimos cinco empregos, toda pessoa que você conheça na sua academia, todo vendedor com que você venha a lidar, toda pessoa que você encontrar na fila do supermercado ou do banco, toda pessoa que faça trabalhos para você: barbeiro, cabeleireiro, manicure, personal trainer, massagista, etc., todo garçom, garçonete e gerente dos seus restaurantes preferidos, toda pessoa que você encontrar na Internet e trocar e-mails, toda pessoa a quem você foi apresentado recentemente, todas as pessoas que você encontre, com quem cruze ou que conheça de passagem durante sua caça ao emprego e que você tenha a gentileza de anotar nome, endereço e telefone (sempre tenha a gentileza de anotar estes dados). *Deu para entender?*

•

Vamos agora para o que você tem que fazer: você deve entrar em contato com todas as pessoas de que precisar e perguntar a cada uma delas: "Você conhece alguém que trabalha ou já trabalhou nesta empresa?"

Pergunte isso insistentemente a todas as pessoas que conhecer ou com quem se encontrar, até que essa pessoa responda: "Conheço, sim." Então pergunte para essa pessoa: "Qual o seu conhecido que trabalha ou trabalhou nesta empresa? Você teria o número do telefone dele ou seu endereço? Você poderia lhe telefonar e dizer a ele quem eu sou?"

Então, você telefona ou marca um encontro com a tal pessoa ("Não vou tomar mais do que 10 minutos do seu tempo."). Quando estiver conversando com essa pessoa, pergunte logo para ela o que você mais precisa saber: "Quem na empresa tem o poder de me contratar para o tipo de função *(a qual você pode agora descrever)*?" Se essa pessoa responder que não sabe, pergunte quem ela acha que poderia saber. Mas, se acontecer de ela saber quem você deve procurar, pergunte não apenas o nome, endereço, telefone e e-mail dessa pessoa, mas também tudo o que puder lhe contar sobre o cargo que ela ocupa, seus interesses e como costuma conduzir entrevistas de seleção.

Então, pergunte se seu interlocutor poderia ajudá-lo a marcar um encontro com essa pessoa, acrescentando as seguintes questões:

- "Conhecendo minha experiência profissional, você recomendaria que eu fosse ver essa pessoa?"
- "Você a conhece bem pessoalmente? Em caso con-

trário, pode me dar o nome de alguém que a conheça bem?"

- "Se o conhece pessoalmente, posso lhe dizer que fui recomendado por você?"
- "Você poderia lhe telefonar antes, dizendo quem sou e me ajudando a agendar um encontro?"

Antes de sair, você também pode pedir informações gerais sobre a empresa. Então você agradece, vai embora e nunca, nunca mesmo, deixe o dia terminar sem sentar-se para escrever um bilhete de agradecimento. Faça isso sempre. Nunca se esqueça disso.

Como procurar emprego enquanto estou empregado?

Nos últimos 25 anos, andei entrevistando pessoas que, ainda empregadas, saíam em busca de novas colocações. Meu objetivo era descobrir como faziam isso. Eis o resumo do que coletei de experiências bem-sucedidas:

- **Utilize suas noites** para fazer o inventário sobre você mesmo, levantando suas habilidades e o que realmente quer do seu próximo emprego ou profissão. Mais tarde, quando sair à rua para sua caça ao emprego, use as noites também para escrever seus bilhetes de agradecimento, suas cartas e tudo o mais.
- **Utilize suas horas de almoço** para visitar os empregadores, caso estejam na cidade onde você trabalha atualmente. Os horários variam muito de pessoa para pessoa. Assim, enquanto você está na sua hora de almoço, alguém que precisa ver pode estar no escritório. Se houver certa flexibilidade em seu emprego,

você pode mover sua hora de almoço de acordo com suas conveniências. Experimente fazer uma refeição rápida, que lhe deixe tempo para atender a um compromisso, particularmente no caso daquelas entrevistas que não devem durar mais do que 20 minutos.

- **Utilize o fim da tarde**. Muitas das pessoas com quem precisa se encontrar são gerentes e executivos, que não costumam sair do escritório às 17 horas em ponto. Avalie quanto tempo leva para você atravessar o trânsito até onde trabalham, e marque sua visita.
- **Utilize os feriados**. Há dois tipos de feriados. Aqueles que valem para todo mundo, tais como Natal, Ano Novo e Semana Santa, e outros específicos de certas categorias. No caso de você estar de folga num dia em que outros estejam trabalhando, é uma boa oportunidade para fazer suas visitas.
- **Utilize os sábados** – Há algumas empresas ou locais de trabalho que funcionam aos sábados. Se for o caso, você também pode marcar compromissos para esse dia.
- **Utilize as férias**. Se está levando a sério sua procura ao emprego ou sua mudança de profissão, não vai achar tanto sacrifício assim dedicar as férias de um determinado ano ao objetivo que tem em vista. E isso vai se mostrar especialmente útil caso esteja procurando emprego em outra cidade ou em bairros distantes de onde você trabalha. Aliás, se a idéia é mudar de cidade e se tem dinheiro disponível, poderia programar suas férias para essa localidade que está considerando, agendando com antecedência os compromissos que teria que cumprir por lá.

Se você está com uma lista muito grande de pessoas e lugares que precisa visitar, e não pode esperar até as férias, pense em pedir ao seu empregador uma *licença sem vencimentos*. Isso é possível, se não for um período muito grande e se não prejudicar seu trabalho atual. Como justificativa, pode usar a mais pura verdade: problemas pessoais.

Para quem está empregado, a caça ao emprego pode demorar um pouco mais. Você deve estar preparado para isso e determinado a manter a coisa andando até sua conclusão. Não desperdice sequer um minuto livre. Você pode conseguir, e com muito sucesso.

Resumindo

A maior diferença entre os caçadores de emprego bem-sucedidos e os malsucedidos não vem do fato de existirem fatores externos, como um mercado de trabalho restrito, mas da maneira com que eles vão à caça de seu emprego.

8

15 dicas para se sair bem na entrevista de emprego

1. Para aumentar as suas chances de ser contratado logo, se for você a pedir a entrevista ao empregador, peça apenas por 20 minutos de atenção e obedeça esse limite religiosamente. Não permaneça lá nem um minuto a mais. Isso sempre impressiona bem o patrão.

2. Para aumentar as suas chances de ser contratado logo, pesquise dados sobre a empresa antes de ir para a entrevista. Isso vai colocar você em vantagem (na cabeça do empregador) sobre as outras pessoas com quem ele conversar.

Para esse fim, logo que o encontro for agendado, pergunte diretamente se há alguma coisa escrita sobre a companhia. Se a resposta for afirmativa, peça que lhe enviem pelo correio, para que você tenha tempo de ler o material antes da entrevista. Ou então, se a entrevista for no dia seguinte, ofereça-se para ir lá, no mesmo dia, apanhar o material pessoalmente.

Pergunte aos seus amigos se conhecem alguém que trabalha lá, ou que já trabalhou lá, e, se houver alguém nessa situação, peça, *por favor*, para ser colocado em contato com a pessoa.

Você deve familiarizar-se com a história da companhia, com seus propósitos e suas metas. Todas as organizações, sejam grandes ou pequenas, com fins lucrativos ou não, amam serem amadas. Se você se deu tanto trabalho para aprender alguma coisa sobre elas antes mesmo que atravesse a porta da empresa, os empregadores já ficarão bem impressionados com você. Pode acreditar. E isso porque a maioria dos caçadores de emprego não se dá esse trabalho. Entra lá sabendo muito pouco, ou mesmo nada, a respeito da companhia. Isso deixa os empregadores *malucos*. Quer alguns exemplos?

Certa vez, a primeira pergunta que uma comissão de seleção da IBM fez a um recém-formado foi: *"O que a sigla IBM significa?"* O recém-formado não soube responder e isso encerrou a entrevista.

Noutra ocasião, um empregador me disse: *"Estou tão cheio de caçadores de emprego que vêm e me dizem 'Ah, o que é mesmo que vocês fazem aqui?', que, na primeira vez que alguém vier sabendo alguma coisa sobre nós, vou contratá-lo no ato."* E, em uma semana, foi realmente o que ele fez.

Assim, se *você* conseguir entrar e tiver feito seu dever de casa sobre a companhia, isso imediatamente o destaca de outros caçadores de emprego e aumenta enormemente as chances de lhe oferecerem um emprego por lá.

3. Para aumentar as suas chances de ser contratado logo, não fique falando o tempo todo durante a entrevista. Alguns estudos revelaram que, de forma geral, as pessoas que conseguem ser contratadas são as que combinam meio a meio a fala e a escuta durante a entrevista. Isso significa que, na metade do tempo, o empregador tem a palavra e, na outra metade, é o caçador de emprego quem assume o diálogo. Pessoas que não seguem essa

regra são as que não conseguem ser empregadas. Acho que isso acontece porque, se você falar demais a seu próprio respeito, vai parecer alguém que desconsidera os interesses da organização. Por outro lado, se você falar pouco, vai parecer alguém que quer esconder alguma coisa a respeito da sua experiência prévia.

4. Certos estudos revelaram que, quando for a sua vez de tomar a palavra, você não deve falar por mais de dois minutos em cada oportunidade – isso, se quiser causar boa impressão. De fato, uma boa resposta para a pergunta de um empregador, algumas vezes, toma apenas 20 segundos. Esta é uma informação útil para conduzir com êxito a sua entrevista – que é o que você, com certeza, deseja.

5. Para aumentar as suas chances de ser contratado logo, concentre-se naquilo que pode fazer pelo empregador, em vez de falar do que o empregador pode fazer por você. Você quer que o empregador o veja como um *potencial de novos recursos* para a organização, e não como um simples *pedinte de emprego*. Você quer aparecer como um *solucionador de problemas*, e não como *alguém que apenas se mantém ocupado*.

6. Para aumentar as suas chances de ser contratado logo, pense no que um mau empregado faria na colocação que você está pleiteando – chegaria atrasado, faltaria ao emprego, seguiria seus próprios interesses, em vez de seguir os interesses do empregador, etc. Então, enfatize para o empregador que você age de maneira completamente diferente, justamente o oposto. Sua principal meta é melhorar a eficiência e os serviços da empresa.

Toda organização tem duas preocupações principais no seu dia-a-dia: os problemas que enfrentam e as soluções criadas pela equipe. Portanto, a principal coisa que o empregador está tentando descobrir, durante a entrevista de seleção, é: se o empregar, você se tornará parte das soluções ou apenas mais um a fazer parte dos *problemas* por lá?

Na entrevista, você precisa deixar claro que está fazendo proposições do que pode, efetivamente, fazer para ajudá-los com os problemas deles. Imediatamente, você perceberá que mudança isso significa em relação ao tipo de abordagem que a maioria dos caçadores de emprego pratica junto à empresa! *("Quanto vocês pagam e quais as vantagens de trabalhar aqui?")* Será que não vão ficar contentes de ver você enfatizando coisas diferentes? Na maioria dos casos, aposto que é o que vai acontecer. Eles querem alguém que ofereça novos recursos, um solucionador de problemas.

Estarão também procurando por empregados: *pontuais, quer peguem no trabalho mais cedo ou mais tarde; que cumpram o expediente, ou mesmo que fiquem até um pouco mais tarde; em quem possam confiar; que tenham uma boa postura; que possuam direcionamento, energia e entusiasmo; que visem a mais do que o contracheque; que sejam autodisciplinados, bem organizados, fortemente motivados, hábeis em gerenciar seu próprio tempo; que possam lidar bem com as pessoas; que usem a linguagem com eficiência; que possam trabalhar em computadores; que assimilem o espírito do trabalho de equipe; que sejam flexíveis e possam responder a novas situações, ou adaptar-se, se as condições do trabalho mudarem; que sejam capazes de receber treinamento e que adorem aprender coisas; que planejem ações; que possuam criatividade e sejam bons solucionadores de problemas; que sejam íntegros; que desenvolvam lealdade à organização; que sejam capazes de identificar oportunidades, nichos de mercado, novas tendências. Eles também desejam contratar pessoas que possam faturar mais do que eles lhes pagam.* Durante a entrevista, apregoe qualquer dessas qualidades que você, honestamente, possua.

7. Para aumentar as suas chances de ser contratado logo, esteja certo de que, seja o que for que prometer a seu respeito durante a entrevista, deverá ser cumprido uma vez empregado. Acima de tudo, lembre que a maneira pela qual você executa sua caça ao emprego e a maneira pela qual executa o trabalho que está buscando não são compreendidas, pela maioria dos empregadores, como coisas sem relação uma com a outra, mas como uma única e mesma coisa. Por exemplo, se você assegurar que é bastante meticuloso com tudo no seu trabalho, esteja certo de ser meticuloso sobre o que levantou sobre a empresa, previamente. Se você estiver executando uma caça ao emprego descuidada e sem real envolvimento de sua parte *("Ah, o que é mesmo que vocês fazem aqui?")*, eles podem tomar isso como um claro sinal de que executará seu trabalho também de maneira descuidada e sem se envolver totalmente, se forem estúpidos o bastante para contratá-lo. Os empregadores conhecem esta verdade básica: a maioria das pessoas faz na sua caça ao emprego o que faz na vida.

8. Para aumentar as suas chances de ser contratado logo, tente arranjar alguma maneira de comprovar suas habilidades. Por exemplo, se for um artista, um artesão ou alguém que produza qualquer coisa, traga uma amostra do que já fez ou produziu – ou ao vivo, ou através de fotos, ou mesmo em vídeo.

9. Para aumentar as suas chances de ser contratado logo, nunca fale mal de seu(s) ex-patrão(ões). Empregadores costumam sentir-se como se fossem uma espécie de irmandade ou confraria. Durante a entrevista, você deve querer transmitir a característica de ser uma pessoa que trata com cortesia a todos os membros dessa irmandade ou confraria. Falar mal de seus ex-patrões apenas vai tornar o empregador preocupado com – no caso de contratar você – o que passará a falar dele. Diga alguma coisa boa de seu ex-patrão, ou, se já sabe que seu ex-patrão vai falar mal de você, diga, simplesmente: *"Sempre me dei bem com as pessoas. Mas, por alguma razão, meu patrão anterior e eu nunca conseguimos nos entender. Não sei por quê. Nunca me aconteceu antes e espero que nunca aconteça novamente."*

10. Para aumentar as suas chances de ser contratado logo, toda noite, depois de uma entrevista, sente-se e escreva (com lápis, caneta, máquina de escrever ou um computador e uma impressora) um bilhete de agradecimento à pessoa que o recebeu naquele dia. Se for o caso, passe um e-mail. Isso se refere não apenas ao empregador, mas também às secretárias, recepcionistas ou a qualquer um que tenha lhe prestado qualquer tipo de ajuda. Não

faça um bilhete superficial. Escreva alguma coisa bastante pessoal. Mencione algum detalhe sobre o tratamento que recebeu, ou sobre o que você apreciou nessas pessoas. Use esse bilhete de agradecimento para sublinhar alguma coisa discutida no curso da entrevista, ou aproveite para acrescentar alguma coisa que achou importante.

Se você quer se destacar dos outros que se candidatam ao emprego, se quer acelerar sua contratação, mande bilhetes de agradecimento – para *todos* que tiver encontrado por lá, naquele dia.

Trate todo empregador com cortesia. Mesmo que pareça certo que não vão lhe dar o emprego, são capazes de indicar você a outra pessoa, na semana seguinte, se causar boa impressão.

11. Na hora da entrevista, não pense: *"Como vou convencer este empregador a me contratar?"* Isso implicaria você já ter decidido que aquele é um grande lugar para trabalhar. Na maioria das vezes, a despeito de seus melhores e mais cuidadosos esforços para levantar informações sobre a empresa, você ainda não sabe o suficiente para afirmar uma coisa dessas. **Você *precisa* usar a entrevista de seleção como uma chance de reunir informações mais aprofundadas a respeito da empresa e de seu patrão.**

Se entender *assim* a entrevista, estará à frente de 98% de todos os caçadores de emprego – que, freqüentemente, vão para a entrevista de seleção da mesma maneira que uma ovelha vai para o matadouro, ou como um criminoso vai para o tribunal.

Você *está* sob julgamento, é claro, aos olhos do empregador. *Mas*, da mesma forma, o empregador e a empresa estão sob julgamento, aos *seus* olhos.

A importância de você proceder à sua própria averiguação sobre aquela pessoa e aquela organização, durante a entrevista de seleção, não pode ser menosprezada. É tradição, quando se arruma um emprego, pegá-lo e *depois* tentar descobrir – nos três meses seguintes, após já estar dentro da coisa – se é bom ou não. E pedir demissão, caso não seja. Você estará contrariando essa tradição estúpida ao utilizar a entrevista de seleção para descobrir o mais que puder sobre a empresa, *antes de começar a trabalhar nela* – o que vai lhe poupar desgosto, sentimento de culpa e tempo.

12. Quando for para a entrevista de seleção, lembre que a-pessoa-que-tem-o-poder-de-contratar-você deve estar suando também. Por quê? Porque a entrevista de seleção não é uma maneira muito confiável de se escolher um empregado. Muitos especialistas em recursos humanos fazem escolhas desgraçadamente equivocadas para suas próprias firmas através de entrevistas de seleção.

Assim, não há apenas *um* indivíduo *(você)* sentado ali, morto de medo, na entrevista de seleção. Há *dois* indivíduos *(você e o empregador)* sentados ali, mortos de medo. Acontece apenas que o empregador aprendeu a *esconder* seus receios melhor do que você porque tem prática no assunto. Ele está morrendo de medo de não detectar, na entrevista de seleção, alguns problemas que você pode vir a causar à firma, caso seja contratado. Por isso, não é preciso ficar tenso diante do empregador. Relaxe!

13. Para ajudá-lo a decidir se deve ou não contratar você, o empregador lhe fará uma série de perguntas. Não se preocupe em decorar respostas a dúzias e dúzias de possíveis perguntas. Há apenas *5 perguntas básicas* que você precisa recordar. E elas são:

- ***"Por que você está aqui?"*** Isso significa: *"Por que você bateu em minha porta e não em outra porta qualquer?"*
- ***"O que você pode fazer por nós?"*** Ou seja: *"Se eu o contratar, você se tornará parte dos problemas que já tenho, ou parte das soluções de que preciso? Quais são as suas habilidades, e quanto você sabe sobre os assuntos e as áreas em que estamos interessados?"*
- ***"Que espécie de pessoa é você?"*** Quer dizer: *"Você é do tipo com quem as pessoas têm facilidade de trabalhar e está pronto a compartilhar os valores que existem nesta empresa?"*
- ***"O que faz você diferente dos outros 19 sujeitos que podem fazer a mesma coisa que você faz?"*** Ou seja: *"Você tem métodos de trabalho mais eficientes do que os dos outros 19? Você começa a trabalhar mais cedo? Trabalha com mais cuidado? Mais rápido? Mantém um alto padrão de qualidade? Costuma superar-se... ou o quê?"*
- ***"Posso pagar seu salário?"*** Quer dizer: *"Se decidirmos que queremos contratá-lo, quanto isso custará? Estamos querendo ou podemos pagar essa quantia – já que precisamos nos restringir ao nosso orçamento e à impossibilidade de pagar a você mais do que recebe a pessoa que ocupa a função superior à sua no organograma da empresa?"*

14. Nenhum empregador se importa com o seu passado. Você precisa se dar conta de que a única coisa com que o empregador está preocupado é com o seu futuro... seu futuro *com eles.* Mas é difícil desvendar o futuro. Assim, ele geralmente tenta prever seu comportamento no futuro perguntando coisas sobre o seu comportamento no passado. Não seja enganado por esse aparente interesse no seu passado. Enquanto o empregador estiver entrevistando-o, você deve se concentrar em perceber que receios em relação ao *futuro* estão por trás de cada pergunta que o empregador fizer com relação ao seu passado – e, então, você deve responder a esse receio.

15. Você pode possuir todas as habilidades do mundo, pode ter pesquisado até quase morrer sobre a tal empresa, pode ter dado as respostas certas na entrevista, pode ser a pessoa perfeita para o emprego, e assim mesmo ser derrotado na entrevista de seleção porque... *tem mau hálito.* Ou outra razão pequena do gênero. É bom estar preparado para a experiência de lutar contra dragões e ser vencido por um mosquito. Essa é a razão pela qual podemos dar entrevistas por perdidas, logo nos primeiros dois minutos. Veja alguns desses *mosquitos:*

a. Sua aparência e seus trajes. Após inúmeras entrevistas, ficou constatado que, *se você é homem, tem mais chances de conseguir um emprego se...*

- aparentar ostensivamente ter tomado banho há pouco, ter se barbeado há pouco, usar desodorante, estar penteado e com as unhas limpas;
- vestir roupas que aparentem ter saído diretamente da lavanderia e, se trajar um terno em vez de roupas

mais esportivas, usar calças com vinco e estar com os sapatos engraxados;

- não tiver mau hálito; se não desprender cheiros tais como o de cebola, alho, tabaco, nem o forte odor de bebida empesteando o ar do escritório; se tiver escovado bem os dentes, se necessário usando depois um aromatizante bucal;
- não estiver cheirando a colônia pós-barba a três metros de distância, quando entrar na sala.

Se você for mulher, tem mais chances de conseguir um emprego se...

- aparentar ostensivamente ter tomado banho há pouco; não tiver o rosto carregado de maquiagem; tiver passado recentemente por um cabeleireiro e por uma manicure competentes; não tiver unhas grandes como garras saindo de seus dedos e estiver usando desodorante;
- estiver usando sutiã, trajando roupas impecavelmente limpas, vestidas de forma sofisticada, usando sapatos e não sandálias, e não parecer do tipo que gosta de chamar atenção;
- não tiver mau hálito; se não desprender cheiros tais como o de cebola, alho, tabaco, nem o forte odor de bebida, empesteando o ar do escritório; se tiver escovado bem os dentes, se necessário usando depois um aromatizante bucal;
- não tiver usado litros de perfume, do jeito que faria sua presença ser *farejada* mal entrasse na sala.

b. Tiques nervosos: *é um mau sinal para os empregadores se...*

- lhes der um aperto de mão do tipo molenga;
- desabar na cadeira, ou ficar se remexendo sem parar durante a entrevista;
- ficar continuamente evitando olhar nos olhos do empregador;
- ficar estalando os dedos, esfregando as mãos ou brincando com o seu cabelo.

c. Falta de autoconfiança: *é um mau sinal para os empregadores se...*

- demonstrar ser constante e extremamente autocrítico;
- subestimar suas realizações ou habilidades;
- falar tão baixo que mal possam ouvi-lo ou tão alto que poderiam escutá-lo no andar de baixo;
- responder monossilabicamente às perguntas dos empregadores;
- interromper constantemente os empregadores;
- hesitar nas respostas.

d. Consideração com as demais pessoas: *é um mau sinal para os empregadores se...*

- demonstrar descortesia para com a recepcionista, com a secretária ou (durante um almoço) com garçons;
- emitir opiniões demasiadamente críticas a respeito de seu ex-patrão e de seus antigos colegas de trabalho;
- tomar bebidas fortes (quando o empregador o leva para almoçar);
- esquecer-se de agradecer pela entrevista, ao sair, ou

esquecer-se de mandar um bilhete de agradecimento mais tarde.

e. Seus valores: *é um péssimo sinal para os empregadores se eles constatarem em você...*

- qualquer indício de desonestidade ou mentira, em seu currículo ou durante a entrevista;
- qualquer indício de irresponsabilidade ou tendência a fazer trapalhadas;
- qualquer indício de arrogância ou excesso de agressividade;
- qualquer indício de impontualidade ou do hábito de não cumprir compromissos;
- qualquer indício do costume de descumprir ordens ou desobedecer a regras;
- qualquer indício de que você seja do tipo que está sempre reclamando ou jogando a culpa nos outros;
- qualquer indício de preguiça ou falta de motivação;
- qualquer indício de falta de entusiasmo pela organização ou pelo que está tentando executar;
- qualquer indício de instabilidade, reações inapropriadas ou coisas parecidas;
- outros tipos de problemas relacionados a seus *valores*, tais como: quais as coisas que o influenciam ou não no escritório; o que está disposto a sacrificar para conseguir esse emprego e o que não está disposto a sacrificar; seu grau de entusiasmo pelo trabalho;
- pouco caso na maneira como você pesquisou a companhia, antes de se candidatar ao emprego.

Os 10 maiores equívocos cometidos em entrevistas de seleção

Devido aos quais suas chances de conseguir emprego diminuem bastante.

1. Dirigir-se a grandes companhias (do tipo as *dez mais* das revistas).
2. Empreender sozinho a caça aos lugares que deve visitar, usando anúncios de oferta de emprego e currículos.
3. Não estudar, previamente, a respeito das organizações.
4. Permitir que o departamento de recursos humanos (ou de pessoal) entreviste você – a principal função desses setores é *FILTRAR* candidatos.
5. Deixar de marcar um limite no tempo de visita, quando tiver um encontro agendado na empresa.
6. Deixar que seu currículo seja utilizado como roteiro na entrevista de seleção.
7. Falar primeiro a seu próprio respeito e a respeito dos benefícios que o emprego lhe trará.
8. Quando for responder às perguntas, falar sobre qualquer coisa entre dois e 15 minutos, cada vez.
9. Aproximar-se deles como se fosse um pedinte de emprego, ansiando que lhe ofereçam qualquer colocação, mesmo que seja modesta.
10. Deixar de enviar um bilhete de agradecimento logo depois da entrevista.

Os 10 mandamentos para as entrevistas de seleção

Os quais aumentam bastante as suas chances de ser contratado.

1. Procure as organizações menores, com até 20 empregados, já que são as que geram 2/3 dos novos empregos.
2. Empreenda a caça às entrevistas utilizando o auxílio de amigos e de conhecidos, já que a caça ao emprego requer 50 olhos e ouvidos.
3. Estude o mais que puder a respeito da organização em vista, seja usando a entrevista para coleta de informações ou outros recursos.
4. Seja qual for a empresa, identifique quem tem o poder para contratar você, em se tratando da colocação que deseja. Use seus amigos e conhecidos como contatos para avistar-se com essa pessoa.
5. Peça por apenas 20 minutos do tempo dessa pessoa, quando propuser o encontro, e mantenha sua palavra.
6. Faça sua própria agenda para a entrevista, levante suas perguntas, o que tiver curiosidade de descobrir, procurando saber se o emprego combina com você.
7. Somente fale sobre si mesmo caso o que tenha a dizer ofereça algum benefício para a organização e possa ajudá-la a resolver seus problemas.
8. Quando responder a uma pergunta, fale sobre alguma coisa entre 20 segundos e dois minutos de cada vez.
9. Chegue a eles como um *recurso humano*, capaz de melhorar a qualidade do trabalho realizado por aquela organização.
10. Sempre escreva um bilhete de agradecimento na noite do mesmo dia em que for entrevistado ou, no máximo, na manhã seguinte.

Como encerrar a entrevista de seleção

Antes de deixar a entrevista terminar, há seis perguntas que você deve *sempre* fazer:

1. *"Examinando as minhas habilidades e a minha experiência, existe algum emprego aqui para o qual vocês considerariam a possibilidade de me contratar?"* Isso, é claro, se você não tiver sido chamado, desde o início, tendo em vista um emprego específico.

2. *"Vocês podem me dar esse emprego?"* Sei que isso pode parecer meio idiota, mas é espantosa a quantidade de caçadores de emprego que asseguraram seus empregos simplesmente por terem sido atrevidos o bastante para pedir por ele ao final da entrevista. Não sei por que isso acontece. Sei apenas que *acontece.* Talvez esteja relacionado com o fato de os empregadores não gostarem de dizer "não" a quem pede diretamente por alguma coisa. De qualquer modo, se, depois de escutar tudo a respeito do emprego, você decidir que realmente o quer, *peça.* O pior que pode acontecer é o empregador dizer "Não" ou "Precisamos pensar um pouco sobre todas as entrevistas que estamos conduzindo".

3. *"Vocês gostariam que eu retornasse para uma outra entrevista, talvez com a presença de alguns dos seus colegas?"* Se, na cabeça do empregador, você for um sério candidato ao emprego, a praxe é proceder a uma segunda rodada de entrevistas. E, muitas vezes, uma terceira e uma quarta. Você, é claro, quer ser chamado para essa segunda rodada. De fato, muitos especialistas dizem que

o único propósito de comparecer à primeira entrevista é ser chamado de volta para a segunda. Se você garantir isso, dizem eles, então ganhou o primeiro round.

4. *"Quando posso esperar por notícias de vocês?"* Você *nunca* deve deixar o controle sobre os passos seguintes do processo nas mãos do empregador. Deve buscar ter o controle. Se o empregador disser: *"Precisamos pensar mais a respeito"* ou *"Chamaremos você para uma segunda entrevista"*, é melhor não deixar isso sem data marcada, dependendo das boas intenções do empregador. Você quer agarrar a coisa, não quer?

5. *"Quando, no máximo, terei notícias suas?"* Provavelmente, o empregador deu a você a *melhor* hipótese na resposta anterior. Agora, quer saber qual seria a *pior*. Certa vez, um empregador, ao me responder essa pergunta, disse: *"Nunca!"* Achei que ele tivesse muito senso de humor, mas aconteceu de estar falando tremendamente sério.

6. *"Posso entrar em contato com vocês depois dessa data se, por alguma razão, ainda não tiverem me dado notícias?"* Alguns empregadores não gostam dessa pergunta. Você saberá se está lidando com um desses se responderem de pronto: *"Está duvidando de mim?"* Mas a maioria dos empregadores aprecia o fato de você lhes estar oferecendo uma rede de segurança. Eles sabem que podem ficar muito ocupados, sobrecarregados com outros afazeres, e acabar esquecendo a promessa que lhe fizeram. É mais garantido se você oferecer-se para procurá-los nessas condições.

[Opcional: 7. *"Vocês podem sugerir outra empresa que estaria interessada em me contratar?"* Esta pergunta deve ser utilizada apenas se a resposta à primeira questão for "Não".]

Anote todas as respostas que eles derem às perguntas acima, levante-se, então, agradeça-lhes com sinceridade pelo tempo que despenderam com você, aperte-lhes a mão com firmeza e vá embora. Naquela mesma noite, escreva um bilhete de agradecimento e envie-o pelo correio, sem falta, pela manhã.

Nos dias a seguir, atenha-se rigorosamente ao que foi combinado e não os contate, a não ser pelo bilhete de agradecimento, até depois do último prazo marcado entre vocês na resposta à pergunta 4. Se tiver que entrar em contato com eles, e responderem que as coisas permanecem ainda no ar, repita as perguntas 3, 4 e 5. E continue assim, sempre assim.

As 5 regras da negociação salarial

1. O empregador raramente dirá a você quanto, no máximo, está disposto a pagar. Nunca aconteceriam negociações salariais se *todo* empregador, *em toda* entrevista de seleção, dissesse, desde o começo, a quantia máxima que está disposto a pagar para aquele cargo. Sempre tendo a esperança de pagar menos, começam *abaixo* daquilo a que pretendem chegar. Isso estabelece uma faixa salarial – entre a primeira oferta e o máximo que têm em mente. Por exemplo, se o empregador quer contratar alguém por não mais de 2.000 reais por mês, ele pode fazer um *lance* inicial de 1.500. Nesse caso, a faixa salarial com que se está trabalhando vai de 1.500 a 2.000 reais. Você deve tentar negociar para obter o máximo, dentro desse limite.

2. **Nunca discuta salário até o encerramento do processo de seleção, quando já tiverem dito que querem contratá-lo.** Se o empregador levantar logo a questão do salário e você perceber que ele é uma pessoa gentil, sua melhor resposta será: *"Até vocês terem decidido definitivamente que me querem e até eu ter decidido que posso ajudá-los nas tarefas que têm por aqui, sinto que qualquer discussão sobre salário seria prematura."* Na maioria dos casos, isso vai funcionar.

Mas suponhamos que esteja cara a cara com o empregador e ele exija saber qual o salário que você está pretendendo, logo nos primeiros dois minutos em que estiver na sala. Nesse caso, você pode tentar a excelente resposta: *"Ficarei contente em discutir sobre isso, mas primeiro poderia me ajudar a entender o que este emprego envolve?"*

Boa, sim, para a maioria dos casos. Mas não funcionou *desta vez*. O empregador eleva a voz e diz: *"Vamos lá, nada de enrolação comigo. Quero saber quanto você pretende ganhar."* Você também terá uma resposta preparada para essa situação, mencionando uma faixa salarial, só que o empregador insiste em obter um número exato: *"Quanto por mês?"* Quando isso acontece, é porque os empregadores fazem do salário o critério principal para decidir qual dos 20 candidatos vão contratar. Se você se vir numa situação como essa e se estiver desesperado para conseguir esse emprego, não tem alternativa a não ser entregar os pontos. Pergunte quanto estão oferecendo e tome sua decisão.

Entretanto, esse é o *pior cenário possível.* Nem sempre as coisas se dão dessa maneira. Não, se pegarmos um grande número de casos. Em muitas e muitas entrevistas, nos dias de hoje, o salário pode ser negociado – *se você guardar essa discussão para o final do processo de entrevista.*

3. Tente nunca ser o primeiro a mencionar uma quantia. Numa entrevista, quando finalmente se chega à questão salarial, você deve tentar manobrar as coisas de forma que o empregador seja o primeiro a mencionar uma quantia. Não procure descobrir a razão, mas tem sido observado ao longo dos anos que, *geralmente, quem menciona primeiro uma quantia, ao término da negociação salarial, sai vencido.*

Empregadores e entrevistadores inexperientes não sabem disso. Os experientes sabem. E é por isso que tentam *sempre* passar a bola para você com uma pergunta inocente do gênero: *"Que nível salarial você está pretendendo?" Mas é tão gentil da parte deles perguntar a mim quanto quero ganhar,* você pode pensar. Não, não e não. Gentileza não tem nada a ver com isso. Eles torcem para você ser o primeiro a mencionar uma quantia porque conhecem muito bem essa regra obscura: *quem menciona primeiro uma quantia geralmente sai derrotado da negociação salarial.*

Assim, naturalmente, sempre que puder, você vai responder: *"Bem, já que levantaram o assunto, creio que devem ter uma quantia em mente, e estou interessado em saber de quanto se trata."*

4. Antes de ir para a entrevista, faça suas contas e verifique de quanto precisa. Digamos que você precisa de 2.500 reais por mês para sobreviver a duras penas, e o máximo que estejam dispostos a pagar seja 1.500 reais. Você *precisa* saber, de antemão, qual o mínimo que precisa ganhar. Você pode determinar isso de duas maneiras: a) arrisque um palpite – e haverá o perigo, é claro, de descobrir, depois de estar empregado, que é simplesmente impossível viver com aquele salário *(essa é a estratégia favorita neste e em outros países);* ou (b) faça um cálculo detalhado das suas estimativas de despesas *no momento*, listando o que você precisa mensalmente nas seguintes categorias: moradia, alimentação, vestuário, transporte, seguros, despesas médicas, despesas com outros membros da família, educação, despesas com animais domésticos, contas e crediários, impostos e taxas, poupança, previdência privada e lazer. Paralelamente, talvez seja interessante preparar duas versões desse orçamento. Uma com as despesas que *gostaria* de fazer, e a outra, um orçamento mínimo que vai lhe fornecer o patamar de que precisa, abaixo do qual você não pode sustentar suas despesas.

5. Antes de entrar na empresa, pesquise qual a faixa salarial praticada naquele campo de atividade. Como você vai saber se a quantia mencionada pelo empregador é apenas seu *lance inicial* e não sua *oferta final?* A resposta é: pesquisando um pouco, antecipadamente, aquele campo de trabalho e aquela empresa. Como se faz essa pesquisa? Há uma regra muito simples: **vá conversar com**

as pessoas. De preferência, pessoas que tenham o mesmo emprego *em outras companhias*. Ou vá conversar com pessoas da universidade ou da instituição que dá treinamento a essas pessoas. Os professores geralmente sabem quanto seus alunos estão ganhando. Use livros, bibliotecas e Internet somente como *segunda e última* fonte.

Resumindo

Quando você está cara a cara com quem tem o poder de contratá-lo, precisa ser capaz de explicar o que o torna diferente das outras 19 pessoas que fazem a mesma coisa que você. Serão os adjetivos ou os advérbios que salvarão sua vida durante sua explicação ao empregador.

9

Como os empregadores procuram seus empregados

Para conseguir chegar até os empregadores, é preciso saber o que se passa em suas cabeças e adaptar o seu comportamento ao deles. Esta é uma regra que a maioria dos caçadores de emprego não compreende. O típico caçador de emprego utiliza-se de métodos que vão no sentido oposto daquele que os empregadores preferem.

Os empregadores possuem sua própria *hierarquia* sobre os critérios que preferem usar para contratar. O empregador pode fazer contratações internamente, ou empregar alguém de quem conheça o trabalho. Trazendo sua comprovação – um portfólio, por exemplo –, você está se enquadrando na estratégia preferida dos empregadores: *"Quero ver o trabalho da pessoa antes de contratá-la."* Veja o diagrama na página seguinte para você entender melhor como funciona o processo da caça tradicional ao emprego.

Método tradicional de caça ao emprego

A maneira como um empregador típico prefere preencher uma vaga

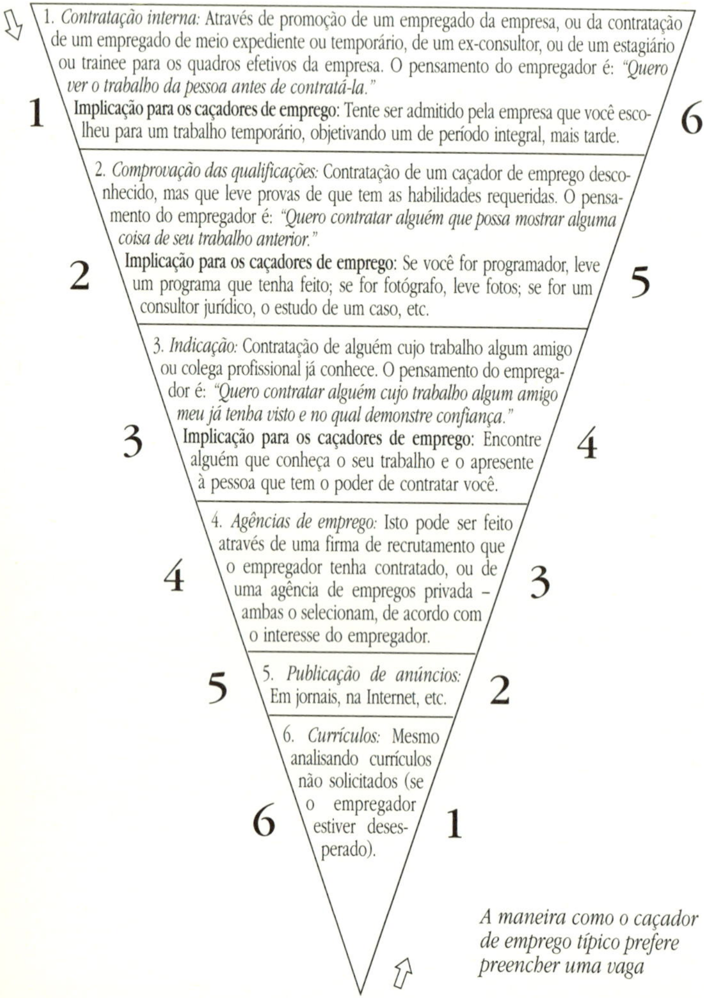

A maneira como o caçador de emprego típico prefere preencher uma vaga

Provavelmente, você já percebeu uma coisa estranha a respeito do diagrama da página anterior: empregadores e caçadores de emprego usam as mesmas estratégias, mas numa ordem completamente diferente – na verdade, eles fazem uso dessas estratégias numa ordem exatamente oposta de prioridades, passo a passo. A estratégia favorita dos empregadores é a menos preferida dos caçadores de emprego. E a estratégia favorita dos caçadores de emprego é a que menos agrada aos empregadores. E assim por diante. Não é de se estranhar que seja tão difícil acontecer a conexão entre os dois.

Vivendo em dois mundos diferentes

O empregador está correndo para um lado; você, para outro. A caça ao emprego é um mundo estranho. *Dois* mundos diferentes, de fato – o do empregador e o do caçador de emprego.

- Você quer que este seja um jogo de contratação, mas o empregador o vê como um jogo de eliminação – até a última fase.
- Você quer que o empregador tome conhecimento do seu currículo; o empregador se sente muito sobrecarregado para arrumar tempo para fazer isso por você.
- Você quer que o seu currículo seja *tudo o que seja considerado a seu respeito;* o empregador encara todo o comportamento do caçador de emprego como algo *significativo.* A maioria dos empregadores elimina os caçadores de emprego devido a seus comportamentos relativos à caça de emprego, principalmente *falta*

de iniciativa ou *falta de persistência*. Em geral, os empregadores terão nas mãos dois ou mais currículos de caçadores de emprego que pareçam ser igualmente qualificados. Como eliminar um ou mais? Muitos empregadores vão além da análise do currículo e partem para a comparação da iniciativa e persistência desses caçadores de emprego. Eles avaliam isso ao observar quais caçadores de emprego realizaram todas as quatro ações seguintes:

a. **Anúncio**. Conseguiram encontrar o anúncio do empregador (tanto no site da própria empresa ou em um dos melhores sites de emprego).
b. **Currículo por e-mail**. Mandaram o currículo para o empregador, tanto pelo endereço fornecido no anúncio quanto pelo site da empresa.
c. **Currículo impresso**. Além do currículo por e-mail, também mandaram, no mesmo dia, uma cópia impressa pelo correio, com uma excelente apresentação, para que o empregador possa ver como o currículo realmente se apresenta.
d. **Telefonema**. Deram um telefonema, uma semana depois, para ver se ambas as cópias de currículos chegaram e para perguntar sobre uma possível data de entrevista.

Bem, agora você viu como o processo funciona. O caçador de empregos que faz apenas a e b é o primeiro a ser eliminado *("preguiçoso")*; o caçador de empregos que faz apenas a, b e c é o próximo a ser eliminado *("pouco persistente")*. Será o caçador de emprego que faz a, b, c e d que irá sobreviver ao round da eliminação.

Deixe-me repetir: durante o primeiro round, na mente do empregador, não se trata de um processo de contratação, e sim de eliminação.

- Você quer que o empregador tome uma série de iniciativas; o empregador prefere que seja você quem tome as iniciativas, quem vá procurá-lo. Por exemplo, o fato de que seu currículo foi deixado em sites de emprego na Internet não significa nada. Alguns empregadores têm tempo de procurá-los, mas a maioria não. Os empregadores, por outro lado, preencherão a vaga através do próprio site da empresa, talvez através de um ou dois dos maiores escritórios de recolocação profissional, ou até mesmo através de anúncio em jornal – e, então, irá contar que o caçador de emprego responda, enviando seu currículo para o site da empresa.
- Os empregadores querem que os caçadores de emprego realizem seus *deveres de casa* a respeito do que a empresa faz e quais são seus atuais desafios, antes de se dirigirem para a entrevista. A maioria dos empregadores estará avaliando sete critérios durante a entrevista: 1) suas habilidades e seus talentos, 2) o que você conhece, 3) anos de experiência, 4) persuasão, 5) iniciativa, 6) quem você conhece e 7) persistência.

Esses são os assuntos sobre os quais você precisa estar preparado para falar, embora em diferentes graduações – isso dependerá do emprego. Por exemplo, "quem você conhece" será muito importante se você está se vendendo como um agente de livros ou um diretor de marketing, mas não terá grande importância se você estiver disputando uma vaga como técnico de informática.

10

Entenda por que a caça ao emprego como uma mudança de vida é o melhor dos métodos

Quando chega a hora de iniciar uma caça ao emprego, você pode pensar que não há grandes escolhas a serem feitas. Mas há. Isso porque existe mais de uma maneira de se procurar emprego. Duas, na verdade. E você precisa escolher qual delas deve seguir.

A escolha se dará entre **uma caça tradicional ao emprego** ou **fazer uma caça ao emprego como uma mudança de vida**. Em alguns momentos de sua vida, a procura por emprego da forma tradicional é tudo de que você precisa, e é exatamente disso que trata este livro.

Em outros, a procura por emprego como uma mudança de vida parecerá muito mais desejável. Tudo dependerá do que você está procurando neste momento particular de sua vida.

Você terá que escolher. E precisará fazer esta escolha pelo menos oito vezes em sua vida – média de vezes em que uma pessoa precisa procurar emprego. E, a cada vez que você necessitar encarar uma procura por emprego, esbarrará com essa escolha novamente. *"Devo fazer uma caça tradicional ao emprego? Ou devo, desta vez, embarcar numa caça ao emprego como uma mudança de vida?"*

Para ajudá-lo a escolher, vou delinear as diferenças entre as duas:

Caça tradicional ao emprego	Caça ao emprego como uma mudança de vida
• De forma geral, você está procurando permanecer na mesma linha de trabalho anterior.	• De forma geral, você está procurando por um novo tipo de trabalho.
• Basicamente, você quer colocar comida na mesa.	• Basicamente, você quer colocar um sentido de missão em sua vida.
• Deseja concluir essa caça ao emprego o mais rapidamente possível e com o mínimo de esforço.	• Deseja tornar essa caça ao emprego a mais correta possível, mesmo que isso demore mais e exija um esforço maior.
• Confia, primeiramente, no seu currículo, procurando encaixá-lo às necessidades dos anúncios dos empregadores.	• Confia, primeiramente, no seu *trabalho de casa*, nas suas pesquisas e nos seus contatos para encontrar uma nova carreira.
• Procura por empresas em que sabe que há vagas.	• Procura por empresas nas quais gostaria de trabalhar, sabendo ou não se há vagas.
• Procura um encaixe entre o seu currículo e algumas vagas que os empregadores estão anunciando.	• Procura por um lugar onde você possa (assim como uma flor) crescer – mesmo que você tenha que falar ao empregador para criar uma vaga, na qual encaixe suas habilidades e sua paixão.

Caça tradicional ao emprego	Caça ao emprego como uma mudança de vida
• Levando-se em conta que a caça tradicional ao emprego é *um jogo de encaixe,* isso significa que a Internet é o melhor lugar para se realizar essa caça, e você pode fazê-lo no conforto de sua própria casa.	• Levando-se em conta que a caça ao emprego como uma mudança de vida é um tipo de procura intuitiva, isso significa que ir para a rua e ficar cara a cara com as pessoas costuma ser muito necessário.
• Na verdade, a Internet leva vantagem ao realizar esse *jogo de encaixe* para você. (Comparar o seu currículo com alguns anúncios de empregadores é uma atividade estruturada, feita com o lado esquerdo do cérebro.)	• A Internet não leva vantagem ao realizar uma busca intuitiva para você. No entanto, a Internet pode ser uma ajuda.
• Se você está indeciso, tenta se informar o máximo possível sobre o mercado de trabalho e o que você quer, desde que decida mudar de carreira.	• Se você está indeciso, tenta se informar o máximo possível sobre si próprio e o que quer, desde que decida mudar de carreira.
• Na maioria dos casos, você acaba permanecendo no mesmo caminho profissional, adiando os seus sonhos *(caso você os tenha, é claro).*	• Na maioria dos casos, você acaba traçando um novo caminho profissional. Finalmente, você foi atrás dos seus sonhos.

O contraste entre esses dois tipos principais de caça ao emprego não é necessariamente tão rígido como esse quadro pode sugerir. Obviamente, é possível misturar alguns elementos de uma coluna com os da outra. Na verdade, você fica com possibilidades infinitas para conduzir a sua procura por emprego. De qualquer maneira, a experiência tem mostrado que é de grande ajuda ter esses dois principais tipos de caça ao emprego bem claros na mente antes de você decidir o que deseja fazer.

O que nos leva a optar pela caça ao emprego como uma mudança de vida

Nós tomamos a decisão de não realizar apenas uma busca tradicional por emprego por alguma das seguintes razões:

- Termos feito uma má escolha sobre nossa profissão e sentirmos a necessidade de acertar o rumo.
- Exigem que a gente trabalhe por três e isso vai nos deixando estressados, irritados, exaustos, esgotados e rabugentos. Passamos a querer, então, um emprego ou uma profissão que tire menos da gente, para termos tempo de aproveitar mais a vida.
- Decidimos partir para um emprego por conta própria. (Nos Estados Unidos, 12% dos trabalhadores são seus próprios patrões.)
- Não estamos ganhando o suficiente e precisamos de uma nova profissão, na qual poderemos ganhar mais – ou ganhar o que merecemos.
- Tínhamos o emprego de nossos sonhos, mas nosso

bem-amado chefe mudou-se e agora nos encontramos trabalhando para uma besta. O emprego dos sonhos virou um inferno. Não queremos apenas um novo emprego, mas uma nova profissão.

- Fomos mal aproveitados no emprego anterior e desejamos algo que signifique um desafio de verdade, algo que exija mais da gente.
- Tudo o que costumávamos querer de nosso emprego era dinheiro e agora desejamos *realização*. A verdade é que a maioria de nós se empenha em buscar *realização*, por toda nossa vida. É uma jornada sem fim, e, nesse processo, a escolha de nossa profissão desempenha um papel muito importante.
- Estamos buscando cada vez mais nossa "missão de vida". E, embora não saibamos exatamente o que possa ser essa missão, temos a certeza de que não tem *nada a ver* com o que estamos fazendo.
- Somos demitidos e não encontramos ocupação semelhante; então, somos obrigados a nos readaptar. (Há 20 anos, quando a pessoa era demitida, havia um conceito universal de que isso se devia a um mau desempenho no trabalho – ou seja, ela era a única culpada por ter deixado isso acontecer, e merecia ser dispensada. Agora, já existe um conceito universal de que não foi culpa dela – ou seja, nos dias de hoje, os empregadores decidem reduzir suas forças de trabalho através de demissões em massa.)

Por alguma dessas razões – ou por todas elas –, você pode estar num momento em sua vida em que não deseja apenas partir para uma busca tradicional por emprego. Você quer uma busca por emprego como uma mudança de vida.

Quais são os passos para realizar essa busca por emprego como uma mudança de vida?

1. Começa com você definindo exatamente o que está procurando, em termos de mudança.

Há seis possibilidades. Você pode estar procurando por uma mudança:

a. de **ocupação**, ou seja, de cargo e tarefas
b. no **campo de trabalho**
c. nos tipos de pessoas com quem você trabalha
d. no seu ambiente de trabalho
e. para um tipo de trabalho que mantenha as metas e os valores que você traçou para a sua vida
f. de salário.

2. Você deve levar em conta os três caminhos para uma mudança de vida, se é isso o que está procurando.

a. Você pode fazer isso através de um único destino *(o caminho difícil)*. O movimento pode ser feito de uma vez só, com você indo de sua antiga ocupação diretamente para uma nova ocupação.
b. Você pode fazer isso com um passo de cada vez *(o primeiro caminho mais possível)*. Aqui, o movimento é feito em dois passos, nos quais você primeiro muda apenas de ocupação, mas não de campo de trabalho; e então, mais tarde, de campo de trabalho também.

c. Você pode fazer isso com um passo de cada vez *(o segundo caminho mais possível).* Aqui o movimento é feito em dois passos, nos quais você primeiro muda apenas o campo de trabalho, mas não a sua ocupação; e então, mais tarde, a sua ocupação também.

3. Você deve fazer uma certa quantidade de *dever de casa* por conta própria, para definir exatamente qual ocupação e qual campo de trabalho você quer seguir; e então partir para encontrá-los.

Esse dever de casa possui três passos: O QUE, ONDE e COMO. Veja só:

O QUE: Você precisa decidir exatamente o que você tem a oferecer ao mundo. Isso significa identificar os seus dons e talentos – ou seja, suas habilidades favoritas, em ordem de preferência ou importância para você. Os especialistas chamam isso de habilidades transferíveis, porque elas podem ser aplicadas em qualquer campo ou carreira que você escolher, sem importar quando você começa a usá-las ou por quanto tempo você já as utilizou em outro campo. **Uma vez que você conheça as suas habilidades, você tem os *blocos de construção* da sua *ocupação*; e, com estes blocos de construção, pode definir a ocupação que você gosta de fazer.**

ONDE: Você precisa decidir exatamente onde você quer usar as suas habilidades. Isso significa identificar as suas profissões favoritas ou os seus campos de interesse, assim como as suas preferências geográficas, as quais você pode explorar através de pesquisas (em livros ou na Internet) e de informações obtidas através de entrevistas pessoais. O *onde*, primeiramente, tem a ver com os campos de conhecimento que você já adquiriu, e os quais mais aprecia usar. Mas também se relaciona com as condições preferidas de trabalho, os elementos, as pessoas ou coisas com que você gosta de trabalhar, onde você prefere viver, etc. **Uma vez que conheça os seus assuntos preferidos, você tem os *blocos de construção* de seu *campo de trabalho*; e com estes blocos de construção você pode definir o campo que adoraria ter como ocupação. Além disso, agora você pode colocar ocupação e campo de atuação juntos e... *voilà!* Você definiu a sua nova carreira.**

COMO: Você precisa ir atrás das empresas que mais o interessam, mesmo sem saber se elas têm vagas. *Ir atrás* significa usar os seus contatos – qualquer pessoa que você conheça – para conseguir uma entrevista lá; mais especificamente, conseguir uma entrevista com a pessoa que terá o poder de contratá-lo para o trabalho que você deseja fazer. (Obviamente, antes disso você deverá ter feito uma pequena pesquisa para descobrir exatamente quem é essa pessoa, e isso sem mencionar outras informações sobre a empresa que podem ser importantes. Nesse ponto, a Internet será muito útil para a realização dessa pesquisa.)

Agora, tornou-se muito mais simples perceber que as *vantagens* da procura por emprego como uma mudança de vida são óbvias. Ela o estimula a fazer uma avaliação sobre quem você realmente é, o que de fato quer da vida, o que pode oferecer ao mundo e o que quer acrescentar à sua vida antes de deixar este mundo. Em geral, ela muda a sua vida completamente.

As *desvantagens* da procura por emprego como uma mudança de vida são, sem dúvida, que não se trata de um processo tão rápido, exige um pouco mais de esforço e o máximo de raciocínio. Mas a verdade é que você pode escolher, apenas, *encontrar um emprego.* Ou você pode optar por usar a caça específica por emprego como uma maneira de ser o dono do processo de procura por emprego, para o resto de sua vida.

Para quem deseja realizar a busca ao emprego como uma mudança de vida, a leitura de *Como conseguir um emprego e descobrir a sua profissão ideal,* de Richard Bolles, é uma ferramenta fundamental. Maior e mais completo, o livro traz informações, gráficos e exercícios para auxiliar o caçador de emprego a descobrir sua verdadeira vocação e partir para essa mudança radical em sua vida.

11

Considerações sobre currículos, agências de empregos e anúncios no jornal – quando inevitáveis

A maioria dos caçadores de emprego sequer tenta descobrir quem é a pessoa-que-tem-o-poder-de-contratar-você, antes de se aproximar de uma grande companhia. Normalmente, tenta fazer contato através de um método que apenas pode ser descrito como um *tiro no escuro* – enviando seus currículos, acompanhados ou não de uma carta de apresentação, com a esperança de que isso funcione como uma espécie de supercartão de visita, despertando o interesse de todos os empregadores, até que terminem por chamar o caçador de emprego para vê-los.

Esse é o método preferido de muitos caçadores de emprego para conseguir uma entrevista de seleção numa grande companhia. E a razão dessa preferência é que evita que se visite o lugar, sem resultados; evita que se esteja olhando nos olhos do empregador, na hora de receber uma negativa, e – vamos admitir – porque até funciona, às vezes. Até acontece de alguém, usando esse método, ser chamado para uma entrevista de seleção.

Por outro lado, alguns empregadores também amam esse método "pelo correio", mas por razões diferentes. Eles o amam porque permite que você seja averiguado em *aproximadamente oito segundos,* sem perda do precioso tempo que gastariam numa entrevista.

Entretanto, é muito comum que caçadores de emprego tentem essa aproximação em 800 empresas ou mais, sem conseguir um único chamado para uma entrevista de seleção. Se acreditar erradamente que esse método funciona com a maioria dos caçadores de emprego, vai começar a imaginar o que há de errado com você. Não apenas você dificilmente encontrará um emprego, procedendo desse jeito, como também terminará com sua auto-estima abalada. **Se tentar esse tipo de aproximação, e não funcionar, não sinta que o errado é você. Errado é o método que está empregando.**

Nem é necessário dizer que há situações em que será útil dispor de um currículo – por exemplo, quando estiver conversando com algum empregador de visita à cidade, mas que more do outro lado do país, ou se está comparecendo a uma série de entrevistas em um local específico e gostaria de deixar seu currículo com alguém, depois da primeira entrevista, de forma que o encarregado da entrevista possa repassá-lo aos que não estiveram presentes.

A regra mais importante, ao preparar esse material, é não pensar que exista algo como um formato *certo* para um currículo. Eu tinha como hobby colecionar "currículos bem-sucedidos" – ou seja, currículos que, de fato, proporcionaram a seus autores uma entrevista de seleção e um emprego. E me divertia mostrando esses currículos, sem comentar nada, para empregadores que conhecia. Muitos deles não aprovaram os currículos bem-sucedidos. *"Ninguém vai arranjar um emprego com um currículo desses"*, diziam. Então, eu contava: *"Lamento, mas você está enganado. A pessoa já está empregada. O que realmente quer dizer é que ela não receberia um emprego* de você."

O currículo reproduzido a seguir é um bom exemplo do que estou dizendo. Jim Dyer foi fuzileiro naval por 20 anos. Queria um emprego como vendedor de equipamento pesado de construção e mineração, a milhares de quilômetros do lugar onde residia até então. Ele confeccionou o currículo que você vai ler e tirou 50 cópias. Dyer conta que usou *"uns sete, antes de conseguir o emprego que queria"*.

A exemplo do empregador que o contratou, eu adorei esse currículo. No entanto, outros empregadores o criticaram por usar um retrato, por ser muito extenso (ou muito curto), etc. Em outras palavras, se Jim houvesse mandado seu currículo *para eles,* não ficariam impressionados o bastante para chamá-lo para uma entrevista. Assim, não acredite em ninguém que diga a você que existe um formato certo dentro do qual se deve fazer o currículo, ou um estilo que garanta resultados.

Vai haver sempre milhões de empregadores que não gostam de currículo, de maneira geral, ou que não gostam do *seu* currículo, em particular. Alguns empregadores são tão alérgicos a currículos que fogem em disparada mal vêem chegar o correio. Assim, muitas vezes, uma carta breve, pessoal, resumindo o que estaria no currículo, dá melhores resultados.

E. J. DYER | Rua, Cidade, CEP | Telefone nº

FALO
A LINGUAGEM
DOS HOMENS,
DAS MÁQUINAS E DO
GERENCIAMENTO...

OBJETIVO: Vendas de Equipamento Pesado

QUALIFICAÇÕES:
* Conhecimento de equipamento pesado, seu uso e manutenção.
* Habilidade em convencer pessoas a mudar... para um novo equipamento ou para novas idéias... habilidade em vender.

EXPERIÊNCIA:
* Fez manutenção, expedição, orçamento e definição de prioridades de alocação para 85 peças de equipamento pesado como chefe de uma organização de 500 homens (1975-1977).

Homens e Máquinas
* Construiu 12 complexos de apoio a operações de campo, empregando uma tripulação de 100 homens e 19 peças de equipamento pesado (1965-1967).
* Operador de equipamentos para construção pesadas (verões de 1956, 1957,1958).

Gerenciamento
* Planejou, negociou e executou aquisições de equipamentos em larga escala, em nível de nação para nação (1972-1974).

Vendas
* Conseguiu aceitação de mercado para dois novos importantes sistemas computadorizados:
  - sistema de controle de estoque de equipamentos e expedição de peças de reposição (1968- 1971);
  - sistema de treinamento para tomadores de decisões (1977- 1979).
* Liderança comprovada... seguidamente eleito ou indicado para funções de responsabilidade.

EDUCAÇÃO:
* B.A. Benedictine College, 1959 (presidente de classe, editor do Anuário, consta do "Quem é Quem nas Faculdades Americanas").
* Naval War College, 1975 (presidente de classe, graduado "com alta distinção").
* Universidade de Maryland, 1973-1974 (língua chinesa).
* Curso de Treinamento para Gerentes em Nível Médio, 1967-1968 (colocação final: primeiro lugar, numa turma de 97 alunos).

PESSOAL:
* Família: Sharon e nossos filhos Jim (11), Andy (8), Matt (5), que desejam mudar-se para um estado montanhoso, por volta de 1982, mas, nesse meio tempo, considerariam uma alternativa em alguma outra localização, dentro ou fora dos Estado Unidos... Saúde: excelente... Nascimento: 9 de dezembro de 1937. Completou o serviço militar na patente de tenente-coronel, no Corpo de Fuzileiros Navais americano.

RESUMO: Uma pessoa que procura desafios... experiente, testada e confiante em sua capacidade de fechar vendas lucrativas.

Há maneiras muito mais eficientes de abordar empregadores – para começar, identificando quem nessa organização tem o poder de contratá-lo para o cargo que você tem em mente, e, então, tentando descobrir se você tem algum amigo que poderia ajudá-lo a marcar um encontro com ele. A pessoa que tem o poder de contratar você irá encontrar-se com você graças a esse amigo em comum. É incrível a quantidade de vezes que esse tipo de aproximação funciona – de fato, ela mantém 86% de efetividade no que diz respeito a se conseguir uma entrevista de seleção e, conseqüentemente, um emprego.

Um resumo do que sabemos sobre currículos, agências de empregos e anúncios de jornal

Se mesmo assim você está decidido a usar um currículo, vamos dar uma olhada em algumas coisas que é preciso ter em mente sobre eles, bem como sobre agências e anúncios de emprego.

Currículos

- Enviar currículos é uma coisa que apresenta poucos resultados. Alguns anos atrás, um estudo feito por empregadores revelou que, para cada 1.470 currículos recebidos, apenas uma vaga era efetivamente preenchida utilizando-o como critério de avaliação.
- Aqueles poucos para quem funcionou enviar currículos falam um bocado sobre o assunto. E a grande maioria, que não conseguiu nada através desse método, geralmente não fala a respeito. É isso que

deixa a impressão de que a coisa dá resultado para quase todo mundo.

- Há empregadores que gostam de utilizar currículos porque, de forma geral, permitem que descartem o candidato de imediato, sem "perda de tempo" com entrevistas. A maioria dos empregadores e seus subordinados é capaz de "avaliar" um currículo em, aproximadamente, 30 segundos – principalmente se o currículo é um, numa pilha de 50, sobre suas mesas. Já se o seu currículo estiver ali junto com outros 100, os empregadores podem fazer a *seleção* de maneira ainda mais apressada – temos registros a respeito! –, despendendo nada mais do que *oito segundos* para dar uma olhada em cada currículo. Assim, num relance de oito a 30 segundos, você estará eliminado, bem como todas as suas chances de emprego naquela empresa.
- A despeito desse fato, quase todo mundo – incluindo muitos livros sobre caça ao emprego – vai aconselhá-lo a enviar currículos, ou resumos de seu currículo, para dúzias de empregadores, ou em resposta a anúncios de oferta de emprego nos jornais. E muita gente ama currículos, apesar de serem ineficazes. Nunca o amor foi tão cego quanto nesse caso. Lembre-se: apenas um em 1.470...
- Especialistas estimam que entre um terço e a metade de todos os caçadores de emprego mente em seus currículos. Mentem, superestimando seus títulos, sua experiência, os resultados que obtiveram em outros empregos, omitindo terem sido demitidos nas colo-

cações nas quais tiveram péssimo desempenho e valendo-se de mais uma enormidade de subterfúgios. Se você fosse empregador, conseguiria acreditar num pedaço de papel como esse?

- Muitos empregadores *odeiam* currículos. Ponto! Muitos outros os usam, embora desconfiem deles, já que tantos caçadores de emprego mentem a respeito de suas qualificações – e são desmascarados.
- Muitas empresas sequer dão respostas aos currículos que recebem. Aí, você precisa adivinhar se chegaram a olhar seu currículo, ou o jogaram no lixo, sem ao menos abrir o envelope.
- Mesmo assim, caçadores de emprego são apaixonados por currículos – tanto quanto odeiam ser rejeitados. Através dos currículos, seu nome ganha mundo, e, embora normalmente isso não adiante nada no que toca a conseguir uma colocação, pelo menos evita que você se veja cara a cara com o empregador, olhando direto em seus olhos, enquanto o escuta dizer que não o quer. Mas, se são os currículos que são rejeitados, então tudo bem. Parece que a coisa não é tão... *pessoal.* Currículos são uma boa maneira de nos enganarmos, de parecer que estamos de fato empenhados em conseguir um emprego, mesmo que – em relação ao que realmente interessa – não estejamos fazendo quase nada.

Agências de empregos

- Agências de empregos operam com empregos de longo prazo e com empregos temporários.

- Algumas agências trabalham com todos os tipos de emprego. Outras são especializadas. É possível encontrar anúncios oferecendo os serviços dessas agências em jornais e publicações especializadas e, dependendo do lugar, nas *Páginas Amarelas.*
- Se for o caso de estar pagando à agência do seu próprio bolso (às vezes, o empregador contrata uma agência para proceder à seleção de candidatos a uma vaga), deve saber que o formulário de inscrição que estará preenchendo é também, em geral, um contrato, com valor legal. Se esse contrato ceder à firma *exclusividade*, e se acontecer de você encontrar um emprego sem a ajuda deles, pode, assim mesmo, estar obrigado a lhes pagar uma taxa. Cuidado! Essas taxas variam muito de uma agência para outra, e a conta pode ficar bastante cara no final.
- Os especialistas dizem que o índice de resultados alcançados pelas agências de emprego situa-se em torno dos 5%, ou seja, para 95 pessoas em cada 100 que recorrem aos seus serviços a agência não encontra colocação... A propósito, é bom saber que algumas agências costumam brincar um pouco com os números que retratam seu desempenho. Daí, alardeiam: *"95% dos nossos clientes saem daqui empregados!"* O truque está em *quem* consideram seus clientes. Não estão se referindo a todos os que cruzam suas portas – nada disso! A estatística pega apenas algumas dessas pessoas. Adivinhe quem... Os caçadores de emprego que as agências consideram

mais fáceis de serem colocados no mercado. Abracadabra! Aqui estão os 95% *deles*.

- Muitas vezes a taxa pelos serviços da agência é paga pelos empregadores. Assegure-se de informar-se com exatidão a esse respeito. É claro que vai preferir as agências que não cobram nada dos caçadores de emprego.
- Ocorre que, apesar de as agências proclamarem que representam em igual medida empregadores e caçadores de emprego, no frigir dos ovos (por exemplo, quando você não se encaixa na lista de oferta de empregos com que estão trabalhando), a lealdade delas, é claro, fica com quem paga a conta (na maioria dos casos, os empregadores), ou com quem está constantemente fazendo negócios com elas (novamente os empregadores). Isso significa que algumas agências vão tentar fazê-lo pegar um emprego que não combina com você, de forma a conseguirem atender ao pedido de seus clientes (e receber o pagamento por isso).
- Para pessoas que querem mudar de profissão, agências de emprego têm pouca utilidade. Essas firmas faturam pelo volume de contratações conseguidas, pela colocação rápida, e não podem despender muito tempo com apenas um caçador de emprego. Costumam se concentrar nos casos mais "vendáveis". Pessoas que querem mudar de profissão – sem experiência no trabalho que têm em vista – representam um problema para as agências de emprego e, em geral, elas não se dispõem a investir tempo em tais casos.

Agências contratadas pelos empregadores

- Uma coisa que caçadores de emprego devem compreender é que o método tradicional de caça ao emprego é adotado tanto pelos que procuram trabalho quanto pelos empregadores. Estes **não sabem como encontrar empregados adequados ao que necessitam**, tanto quanto a maioria dos caçadores de emprego **não sabe como encontrar empregadores apropriados**. Portanto, alguns empregadores são clientes constantes de certas agências, que, obviamente, fazem de tudo para preencher as vagas oferecidas – afinal, ganham para isso.
- Em alguns casos (principalmente em cargos mais elevados), essas agências que trabalham localizando a pessoa para determinado emprego são chamadas de *headhunters*. Ou, ainda, *empresas de recolocação de executivos, consultores de pessoal, recrutadores de recursos humanos, etc*. Atualmente, algumas trabalham também com outros níveis de emprego, não apenas os mais altos.
- A tarefa confiada a essas firmas pelos empregadores é tirar alguém já empregado em uma firma e colocá-lo em outra, pessoas com uma carreira em ascensão – executivos, pessoal de vendas, técnicos, processadores de dados, seja o que for. Não se trata aqui de arranjar colocações para desempregados.
- Portanto, não servem de nada para a maioria dos caçadores de emprego. Mas, se procurar bem, você pode acabar encontrando alguma agência que trabalhe, prioritariamente, com colocações na sua área

ou especialização. Então, por desencargo de consciência, vale a pena mandar um currículo para essa firma, em particular. Mas não fique contando que saia muita coisa daí.

Anúncios de ofertas de empregos em jornais

- Outra das táticas empregadas pelo nosso método de caça ao emprego da idade da pedra são os anúncios de oferta de emprego.
- Anúncios de oferta de emprego são encontrados nos classificados de praticamente todos os jornais do país. Para cargos em nível de gerência ou em função executiva, anuncia-se também em jornais especializados em economia, negócios e finanças.
- Alguns anúncios são especialmente obscuros a respeito do emprego que oferecem, mas recheados de frases para atrair sua atenção. Cuidado! Veja alguns exemplos:

  "Queremos pessoas com muita energia e iniciativa" (= você não irá ganhar um salário, seu rendimento vai ser à base de comissão).

  "Procuramos alguém com habilidade em organização de informações" (= você vai ser enfiado num arquivo o dia inteiro).

  "Faça um investimento no seu futuro" (= trata-se de uma franquia ou de um daqueles esquemas *furados* do tipo *pirâmide*).

  "Contatos com clientes" (= você vai ficar pendurado no telefone, fazendo chamadas *no escuro* para tentar arranjar compradores).

"Planejamento e coordenação" (= querem alguém para fazer arranjos de viagem para o chefe).
"A oportunidade de sua vida" (= em nenhum outro lugar você vai trabalhar tanto e ganhar tão pouco).
"Treinamento para gerentes" ou *"Sua chance de fazer viagens interessantes"* (= querem tornar você um vendedor num território a ser desbravado).

- De 48 a 96 horas depois que um anúncio é veiculado (geralmente o pico ocorre no terceiro dia), um empregador já terá recebido de 20 a 1.000 currículos, e, de cada 100, vai eliminar de 95 a 98 deles.
- Muitos anúncios classificados incluem o número do telefone do empregador para lhes dar a possibilidade de *fazer a seleção inicial* já por telefone, sem precisar encontrar-se com o candidato pessoalmente. Isso significa uma enorme desvantagem e, por essa razão, muitos especialistas recomendam não conversar nada ao telefone – a não ser o que for necessário para marcar um encontro. Uma boa maneira de evitar ser descartado já pelo telefone é dizer: *"Sinto muito, não posso conversar agora. Estou trabalhando."*
- Um estudo realizado em duas cidades típicas – uma grande, outra menor – revelou (eu endosso a constatação) que 75% a 85% dos empregadores não tentaram contratar alguém através de anúncios. Ou seja, caso ainda esteja mantendo alguma esperança em relação a anúncios, saiba que eles o deixam de fora de algo em torno de três quartos dos empregos possíveis na sua cidade.
- Para piorar um pouco as coisas, alguns dos anúncios

que saem publicados são falsos. Certos tipos de empregadores colocam anúncios para testar a fidelidade de seus empregados (para contato, colocam apenas uma caixa postal, ou pedem que se enviem as cartas para o próprio jornal, fazendo constar do envelope um número de referência). Também agências de empregos costumam veicular anúncios falsos, normalmente oferecendo empregos que já preencheram, de forma a servir de isca para que você os procure.

Regras básicas se você, mesmo assim, quiser responder a anúncios de oferta de emprego

- Fale ou escreva pouco. Você não está tentando convencer o empregador a lhe dar a colocação. Essa é a função da entrevista de seleção. Tudo o que você quer é conseguir marcar essa entrevista.
- Ao responder o anúncio, não forneça mais informações do que as que já foram pedidas. Nada mais. Não dê ao empregador, espontaneamente, dados que podem ajudá-lo a decidir que não vale a pena entrevistá-lo.
- Liste suas qualificações como uma série de pontos, cada um precedido de uma marca. Sempre muito resumidas.
- Se o anúncio mencionar alguma qualificação que não possua, como, por exemplo, *prática em lidar com barcos a motor,* refira-se a isso vagamente, dizendo-se *"interessado em barcos a motor"*. Claro que é melhor estar falando a verdade.

- Se pedirem sua pretensão salarial, os especialistas geralmente recomendam que você ignore este item, já que muitos empregadores utilizarão isso como primeiro item para descartar candidatos sem precisar chamá-los para uma entrevista. Pode acontecer que, tendo omitido a resposta a essa questão, o empregador pense que você simplesmente esqueceu de respondê-la e o chame para a entrevista, mesmo assim. Alguns especialistas, entretanto, recomendam que você responda propondo uma faixa salarial bastante ampla *("Quero ganhar entre três e cinco mil reais, dependendo da responsabilidade com que vou arcar").*
- Se quiser dar uma resposta ao item salário, mas sem apresentar um valor ou uma faixa salarial, os especialistas recomendam que faça um breve histórico da vida profissional, aproximadamente nos seguintes termos: *"Minha profissão já me propiciou muita coisa. Tenho sido periodicamente promovido, por mérito e desempenho, subido sempre nos escalões das empresas onde trabalhei, e isso, conseqüentemente, me permitiu aumentar progressivamente meus rendimentos."*
- Assegure-se de não cometer erros de português na sua resposta por escrito. Uma coisa *quase sem erros* não serve. Tem que ser perfeita. Mostre a carta a pelo menos dois amigos, sendo um deles, de preferência, um profissional (um revisor que trabalhe em jornal ou editora). Se encontrarem algum erro gramatical, datilografe a carta inteira outra vez.

- Assegure-se de que a última frase em sua carta coloque o controle da situação em suas mãos. Errado: *"Aguardo sua resposta."* Certo: *"Aguardo sua resposta e entrarei em contato com você, na próxima semana, para me certificar de que recebeu esta carta."*
- Verifique se incluiu seu número de telefone, número do fax, e-mail ou qualquer outra referência de contato para que o empregador não tenha dificuldade em achá-lo, quando for convidá-lo para a entrevista.
- Aconselho a você que não escreva apelos idiotas no envelope, tais como *pessoal, confidencial, etc.*, como se fosse uma carta do presidente da República. Alguns empregadores estão fartos de receber cartas com essas mensagens extras e as deixam de lado, só por causa desse detalhe.
- Coloque-a logo no correio. Não perca tempo. Lembre que, de fato, em cada 100 pessoas que respondem a anúncios de empregos, apenas uma ou duas são chamadas para entrevistas.
- Pelo sim, pelo não, aqui está uma estratégia de reserva. Se está disposto a tentar os mesmos anúncios mais de uma vez, cheque os jornais diariamente e dê atenção particular aos que gostaria de responder, embora não tenha a qualificação pedida. Por exemplo, digamos que pedem alguém com algum tipo de especialização, formalizada em diploma, que você não possui. Se encontrar um anúncio assim, recorte-o e guarde. Se achar conveniente, responda. Provavelmente, vão ignorar sua carta. Caso o empregador encontre a pessoa que procurava, o anúncio não apare-

cerá novamente no jornal. No entanto, *se aparecer de novo*, é sinal de que o empregador não encontrou ninguém com as qualificações que pretendia. Então, é sua chance de escrever de novo – e, desta vez, quem sabe, barganhar um pouco!

Veja como uma caçadora de empregos descreveu uma tentativa bem-sucedida desse tipo:

"O anúncio pedia um diploma de especialização que eu não possuía. Mesmo assim, respondi a ele uma primeira vez. Afinal, tinha mais de dez anos de experiência comprovada naquele ramo em particular. Um mês mais tarde, quando o anúncio foi publicado novamente, enviei uma carta dizendo que eles, obviamente, não haviam encontrado a pessoa certa usando o diploma como critério, então o que achariam de me dar uma oportunidade? Já tinham meu currículo em mãos, não é mesmo? Bem, funcionou. Fui chamada para a entrevista. Apresentei uma proposta de salário inferior à que estariam oferecendo a uma pessoa diplomada na área, que mesmo assim representava um aumento de rendimento para mim. Consegui o emprego, e ambas as partes ficaram muito contentes com o desfecho da história. Recomendei o mesmo procedimento a três amigos meus e dois deles conseguiram emprego assim."

12

O que fazer quando os empregadores nunca chamam você

Quando não é culpa sua

Regularmente, escuto caçadores de emprego relatarem que, seguindo as dicas deste livro, tiveram bastante êxito em conseguir suas entrevistas – mas, mesmo assim, não foram chamados para o emprego. Essas pessoas querem saber que erros cometeram. Infelizmente, a resposta às vezes é: "Talvez nenhum."

Não sei com que freqüência acontece, mas sei que acontece – porque mais de um empregador já confessou para mim: *alguns* empregadores agem como se fosse uma brincadeira. Convidam você para uma entrevista e, na verdade, já contrataram outra pessoa para o cargo.

Você, é claro, fica animado com a facilidade com que conseguiu a entrevista. Mas, sem que saiba, o gerente que o está entrevistando tem um amigo a quem já prometeu dar o emprego. Claro que permanece um pequeno problema: por qualquer razão legal ou da política interna da empresa, é preciso percorrer todo o processo como se fosse *para valer.* O tal gerente atende às exigências, mas já decidiu selecionar dez candidatos, entre os quais seu protegido, e conduz as entrevistas como se o emprego estivesse aberto para todos. Desde o início, ele tem a intenção de contratar o amigo e rejeitar os demais candidatos. Assim, como coube a você a honra de estar entre estes últimos, mesmo que seja o melhor candidato, será rejeitado. Afinal de contas, trata-se de dar o emprego ao *amigo.* Mas, assim, o gerente pode alegar que seguiu todas as regras do processo de seleção.

Se você for um dos candidatos à rejeição, pode ficar se *atormentando* depois, tentando descobrir o que aconteceu. O problema é que nunca saberá se o gerente estava jogando ou não com cartas marcadas. E isso pode acarretar para você alguma depressão.

Quando é culpa sua

Mas existe a chance de o jogo ser limpo e você continuar sendo recusado, em diversas empresas, porque há alguma coisa errada na maneira como se conduz nas entrevistas de seleção.

Dificilmente um empregador vai lhe dizer isso. Você nunca escutará alguma coisa do tipo: "Você se portou de maneira muito agressiva ou muito arrogante durante a entrevista." Quase sempre, não vai ter a mínima noção do que fez de errado.

Uma maneira de contornar esse silêncio mortal é pedir uma avaliação, mesmo genérica, de algum empregador mais amistoso, que você possa reencontrar mais tarde. Se você passa por inúmeras entrevistas e não chega a lugar nenhum, pode talvez tentar telefonar para eles, refrescar-lhes a memória a respeito de quem você é e então fazer a pergunta, de maneira deliberadamente vaga: *"Já compareci a diversas entrevistas em muitas empresas e nenhuma me chamou. Do seu ponto de vista, há alguma coisa errada no meu procedimento que pode estar me impedindo de ser contratado? Se for o caso, apreciaria se você destacasse uma ou outra coisa que me ajudasse a melhorar meu desempenho nas próximas entrevistas."*

Na maioria das vezes, não dirão nada excessivamente rude, mas também nada de útil. Eles não sabem como você vai usar o que disserem. Mas, *ocasionalmente*, você pode encontrar um empregador que esteja disposto a dizer a verdade, talvez porque acredite que você mereça essa oportunidade. Na falta de qualquer ajuda por parte dos empregadores, você pode arrumar um bom amigo para encenar uma entrevista de seleção. Talvez ele seja capaz de dizer o que está dando errado.

Se conseguir um feedback, seja do amigo ou dos empregadores, agradeça – mesmo que as críticas sejam extremamente dolorosas. Indicações desse tipo, tomadas a sério, podem provocar as mudanças de que você precisa para sair vitorioso de uma entrevista.

Mantenha-se confiante: afaste a depressão do desemprego e a sensação de rejeição

Praticamente todas as pessoas acham, em certos momentos de suas vidas, que a caça ao emprego não passa de um processo cansativo, em que, ao final, você certamente encontrará a aceitação (o trabalho). Mas, antes que isso ocorra, acontecerá uma série de rejeições aparentemente intermináveis.

Até que o caçador de empregos consiga ouvir um "sim", passará pelo que chamo de "choque de rejeição".

Você achava que seria fácil, que seria rápido, mas você irá bater com a cara na porta repetidas vezes. Como conseqüência, irá sentir este "choque de rejeição" – pego totalmente de surpresa pela diferença entre a visão que você tinha e a maneira pela qual a realidade lhe é revelada. A sua sensação será a de que há algo totalmente errado com *você*.

Normalmente, os caçadores de emprego reagem a esse "choque de rejeição" através da diminuição de suas expectativas, mergulhando na depressão, sentindo verdadeiro desespero e desesperança. O "choque de rejeição" pode assumir proporções de uma grande crise em sua vida, atingindo suas relações pessoais e sua família e conduzindo a um retraimento ou a uma alienação.

E você aprende – e como aprende! – que a pior conseqüência da caça ao emprego não é o que você pensava: simplesmente não encontrar um emprego. Agora você compreende de forma diferente: a pior conseqüência da caça ao emprego é que você perde a sua auto-estima.

Então, como preservar a sua auto-estima durante todo esse processo? Bem, você pode encontrar uma grande ajuda ao saber quais são as suas reais chances no jogo em que está participando. Deixe-me exemplificar isso melhor ao comparar a caça ao emprego a um jogo.

Suponha que você decida participar de um jogo de loteria e alguém lhe diz que 99 de cada 100 participantes dessa loteria ganharão algum dinheiro. *Isso não parece ser verdade, claro, mas faz de conta que você acredita nisso.* Então, você joga repetidas vezes na loteria e, cada vez que joga, perde. O que você acha que acontecerá com a sua auto-estima? Irá afundar como uma pedra jogada na água. **A sua auto-estima baixa quando você acha que todos estão ganhando, menos você.**

O segredo é: entenda as suas chances reais, e tudo irá mudar. Nesse caso, suponha que você descubra que, nesse jogo de loteria, você tem uma probabilidade de vencer a cada 76 milhões de vezes. E suponha que, mesmo sabendo disso, você continue querendo apostar na loteria repetidamente – e, a cada vez, você perde. Agora, o que acontecerá com a sua auto-estima? Bem, na maioria dos casos, essa perda não afetará a sua auto-estima porque *você sabia quais eram as suas probabilidades de vencer.* A procura por emprego é como um jogo de loteria:

1. A caça ao emprego é um jogo. (Ou, pelo menos, muito parecida com um jogo.)

2. A coisa mais importante que você pode perder nesse jogo é a sua autoconfiança ou auto-estima.

3. Para evitar perder a sua autoconfiança na caça ao emprego, você precisa conhecer as probabilidades com as quais estará lidando cada vez que escolhe uma estratégia diferente de caça ao emprego.

4. Assim, se essa estratégia não funcionar, você saberá que não foi sua culpa e partirá para outra estratégia que traga maiores chances – com sua autoconfiança ainda elevada.

E qual é a probabilidade de a caça ao emprego se arrastar? De acordo com estatísticas americanas, se você foi demitido ou se demitiu, há 35% de chances de que encontre um emprego em cinco semanas. *Mas* existe a possibilidade – duas vezes maior, 65% – de que seu período de desemprego se alongue *bastante* (nos piores casos, dura até dois anos). Conhecendo essas estatísticas, fica mais fácil manter a sua auto-estima elevada: você conhece as suas chances reais.

Nunca ponha todos os seus ovos na mesma cesta

Concluindo, gostaria de dizer que tenho estudado caçadores de empregos bem-sucedidos e malsucedidos há quase um quarto de século, e o maior de todos os segredos que aprendi – o mais simples também – é que os bem-sucedidos *têm sempre alternativas.* Alternativas para a maneira como planejam o que fazer. Alternativas na maneira de conduzir a caça ao emprego (não se limitando a currículos, anúncios de ofertas de emprego, etc). Alternativas para *levantar os empregos existentes.* Alternativas para quais empresas se dirigir. Alternativas sobre como abordar o empregador. E assim por diante.

Assegure-se de ter mais de um empregador em vista. De que a organização, o escritório, a fábrica, o órgão do governo, a organização de trabalho voluntário, seja o lugar ideal para você trabalhar. Mas, independentemente do *apetite* que essa sua opção preferencial despertar em você, independentemente da água na boca só de pensar em trabalhar ali, estará levando sua caça ao emprego ao suicídio se não tiver alternativas em mente. Claro que você pode realizar seu sonho. Mas – *grande questão* – quais são os seus planos se isso não acontecer? Você precisa ter outros planos, desde **agora** – e não deixar para fazê-los daqui a três meses, quando esse primeiro objetivo começar a perder o fôlego. Você precisa ter em vista mais de uma empresa. Eu recomendo que sejam cinco, no mínimo.

Lembre que caça ao emprego envolve sorte, em alguma medida. Mas, com um pouco dessa sorte e muito empenho, somados a determinação, essas orientações sobre como conseguir um emprego devem funcionar no seu caso, da mesma forma como já funcionaram para muitas centenas de milhares de pessoas.

CONHEÇA OUTROS TÍTULOS DA EDITORA SEXTANTE

Richard Bolles
Como conseguir um emprego e descobrir a sua profissão ideal

Segundo Richard Bolles, os caçadores de emprego dividem-se em dois grandes grupos: aqueles que querem achar um emprego o mais rápido possível, mesmo se o trabalho não corresponder exatamente àquilo com que sonhavam, e aqueles que têm tempo, paciência (e dinheiro) para enfrentar a caça ao emprego de maneira mais seletiva, com o objetivo de atender perfeitamente a suas expectativas de profissão e de trabalho. O diferencial desse livro é oferecer inúmeras estratégias e dicas para o segundo grupo.

Stephen Covey
Princípios essenciais das pessoas altamente eficazes

Com mais de 15 milhões de exemplares vendidos em todo o mundo, *Os 7 hábitos das pessoas altamente eficazes* se tornou um dos livros mais influentes dos últimos tempos. Para iluminar os princípios dos *7 hábitos*, Stephen Covey reuniu idéias inspiradoras que podem nos ajudar a realizar nosso potencial, influenciando positivamente o resultado de cada dia.

James C. Hunter
O monge e o executivo

John Daily é um executivo bem-sucedido que, de repente, percebe que vem fracassando como chefe, marido e pai. Em busca de um novo caminho para sua vida, decide participar por uma semana de um retiro num mosteiro beneditino. Junto com ele, você vai aprender princípios de liderança fundamentais para construir uma carreira de sucesso e uma vida em plena harmonia com as pessoas à sua volta.

Jonathon Lazear
O homem que confundiu seu trabalho com a vida

Se o trabalho assumiu um papel tão preponderante na sua vida que tudo mais ficou em segundo plano e você anda se perguntando se isso vale realmente a pena, você irá encontrar na experiência de Lazear novos caminhos rumo à felicidade e à realização. Curto e objetivo, sensato e prático, esse livro fará você se lembrar do que realmente é importante, ajudando-o a abrir mão do que não é necessário e a recuperar aquilo que é essencial.

Bob Nelson
Faça o que tem de ser feito

O ambiente competitivo e o mundo globalizado exigem, hoje em dia, que os profissionais corram mais riscos e tenham mais iniciativa no trabalho. Com conselhos breves, diretos e surpreendentes, Bob Nelson mostra o que cada um de nós precisa fazer para assumir as rédeas do seu emprego, da sua carreira e da sua vida.

Tim Sanders
O amor é a melhor estratégia

Ter um trabalho gratificante, ganhar o respeito e a amizade dos colegas, ser capaz de aprender sempre mais, fazer mais negócios, influenciar positivamente as pessoas – estes são os temas de *O amor é a melhor estratégia*. Tim Sanders apresenta os três pilares do sucesso e da realização profissional: conhecimento, rede de relacionamentos e compaixão.

INFORMAÇÕES SOBRE OS PRÓXIMOS LANÇAMENTOS

Para receber informações sobre os próximos lançamentos da EDITORA SEXTANTE, queira entrar em contato com nossa Central de Atendimento, dando seu nome, endereço e telefone para:

EDITORA SEXTANTE
R. Voluntários da Pátria, 45 – Gr. 1.404 – Botafogo
22270-000 – Rio de Janeiro – RJ
Tel.: (21) 2286-9944 – Fax: (21) 2286-9244
DDG: 0800-22-6306 (ligação gratuita)
E-mail: atendimento@esextante.com.br

Para saber mais sobre nossos títulos e autores, e enviar seus comentários sobre este livro, visite o nosso site: www.sextante.com.br